미술
잘하는 아이는
다르다

평범한 아이를 미래형 인재로 만드는 결정적인 힘

미술 잘하는 아이는 다르다

초판 1쇄 인쇄 2022년 4월 27일
초판 1쇄 발행 2022년 5월 2일

지은이 강영애

발행인 백유미 조영석

발행처 (주)라온아시아
주소 서울특별시 서초구 효령로 34길 4, 프린스효령빌딩 5F

등록 2016년 7월 5일 제 2016-000141호
전화 070-7600-8230 **팩스** 070-4754-2473

값 17,000원
ISBN 979-11-92072-46-3 (13370)

※ 라온북은 (주)라온아시아의 퍼스널 브랜드입니다.

※ 잘못된 책은 구입하신 서점에서 바꾸어 드립니다.

라온북은 독자 여러분의 소중한 원고를 기다리고 있습니다. (raonbook@raonasia.co.kr)

미술 잘하는 아이는 다르다

평범한 아이를
미래형 인재로
만드는 결정적인 힘

강영애 지음

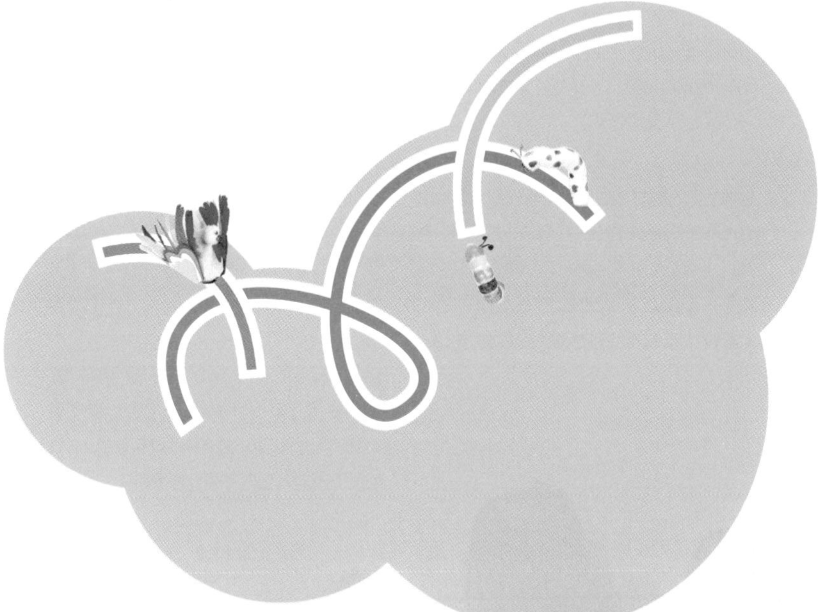

RAON BOOK

아이들이 말하는 미술 수업 이야기

동물원과 성을 그림으로만 그리는 게 아니라 내가 생각하는 대로 움직일 수 있게 만들 수 있어서 좋았어요. 그리고 선생님이랑 친구랑 서로 이야기하면서 내 생각도 마음껏 뽐낼 수 있어서 너무 재밌었어요. 조서희

양배추를 자세히 관찰한 건 처음인 거 같아요. 양배추가 어떻게 생겼는지 알고 있었지만, 자세히 관찰해보니 기존에 알던 양배추와는 색다른 느낌이라 재밌었어요. 미술을 배우면서 사물에 대해 자세히 관찰하는 힘이 생겼어요. 이강규

토르티야를 만들면서 가장 좋아하는 엄마 얼굴을 떠올리면서 야채로 표현해보는 활동이 너무 즐거웠고 기억에 남아요. 남해린

모든 수업이 진짜 재미있었어요. 제가 이야기를 만들어서 표현해야 하는 것도 있었고 그림만 그리는 게 아니라 건물 만드는 것도 신나게 했어요. 노준희

뽀글뽀글 라면으로 만드는 요리 수업에서 '뽀젤맨'을 만들었어요. 젤리가 너무 좋아서 젤리로 얼굴을 꾸몄어요. 처음으로 동그란 라면 위에 젤리로 눈, 코, 입, 머리카락까지 만들어 줄 수 있다는 게 신기하고 특별해서 더 재미있었어요. 최효진

크루아상에 노란 치즈, 햄, 김, 달걀, 야채, 토마토로 샌드위치를 만들었어요. 야채를 별로 안 좋아하지만 맛있었고 크루아상 위에 내가 좋아하는 판다를 꾸며줄 때가 가장 재미있고 행복했어요. 얼른 집에 가서 할머니에게 맛보게 해드리고 싶었어요. 송민영

미술 수업 시간은 늘 요술 양탄자를 타고 하늘을 나는 것같이 신비로워요. 선생님이 늘 친절하시고 칭찬도 많이 해주셔서 너무 좋고, 내 그림이 전시되어 있어서 정말 뿌듯해요. 권성민

제일 좋아하는 과목인 미술을 집에서도 즐길 수 있게 된 게 가장 좋았어요. 선생님께서 재활용품, 나뭇잎 등 밖에 있는 어떤 것도 미술 재료가 될 수 있다는 걸 알려주셔서 주변에 있는 모든 것이 저의 미술 재료가 되었어요. 제가 망친 것 같은 그림도 제일 멋지다고 항상 칭찬해주셔서 너무 기분이 좋고 감사해요.

김소령

과학, 수학, 국어와 같은 과목도 미술 속에 넣을 수 있다는 걸 배워서 너무 신기했어요.

김태령

뽀르파트재 전시회도 구경하고 엄마, 아빠, 동생과 함께 크리스마스 리스를 만들 수 있어서 너무 재밌었어요. 솔방울과 나뭇가지, 빨강 열매로도 멋진 작품을 만들 수 있다니 너무 신기해요.

김다솜

선생님과 수업 시간에 밖에 나가서 나무들을 관찰했어요. 거칠거칠한 나무껍질도 만져보고 나뭇가지와 나뭇잎을 자세히 보니 예전에 못 봤던 무늬나 열매들이 보여서 신기했어요. 노란 민들레꽃도 너무 예뻤어요. 이젠 나무와 꽃을 더 잘 그릴 수 있을 것 같아 기분이 좋아요.

강예슬

재료와 구성을 내가 직접 고민해서 고를 수 있어서 너무 좋아요. 평소에 듣던 수업과 달라서 새롭고 즐거웠어요. 스스로 생각할 수 있어서 더 재밌었어요. 제가 상상한 대로 작품을 만들 때 거침없이 만들 수 있어서 좋았어요. 또 만들고 싶어요.

원준희

친구와 상의하고 선생님과 대화를 나누면서 해서 더 재밌는 것 같아요. 다른 학원에 다닐 때는 해본 적이 없었어요. 성 만들기 시간에 성을 움직일 수 있게 만들 수 있어서 신기했어요. 미술 수업은 늘 행복해요.

원재희

'걸리버와 즐거운 여행하기'라는 주제로 숲속 마을을 만들었어요. 숲속 마을 옆에 있는 마을에는 스티로폼, 소라, 조개, 물감 등 여러 가지 재료로 신나는 바닷속을 꾸미고 또 사인펜을 이용해 예쁜 색깔로 점을 찍어서 모래를 표현한 것이 기억에 남고 재밌었어요.

이예닮

미술을 배우면서 제일 좋았던 건 '과학의 접목'이라는 시간이었어요. 장수풍뎅이를 탐구할 수 있어서 좋았어요. 미술 수업 덕분에 과학 수업도 더 재밌고, 기대됐어요. 미술 시간이 재밌어서 자꾸 또 배우고 싶었어요. 미술을 재미있게 가르쳐주신 선생님께 감사드려요.

김민규

프롤로그

미술을 만나는 순간
아이들은 행복한 예술가가 된다

"마음을 자유롭게 날개를 활짝 펴고

자신의 빛깔대로 새 꿈을 짜는 거야!"

– 영화 〈지상의 별처럼〉 중에서

영화 〈지상의 별처럼〉은 난독증을 겪는 주인공 여덟 살 아이 이샨이 미술 선생님의 따뜻한 시선과 사랑으로 변해가는 과정을 그린 감동적인 영화다. 영화를 보는 내내 심장이 두근두근했다. 나 또한 내가 있는 자리에서 아이의 마음을 읽고, 기쁨을 주는 미술로, 아이가 가진 재능과 가능성을 발견해주는 미술 선생님이 되리라 다짐했다. 그리고 그 일은 지금도 현재진행형이다. 두 아이를 키우면서 '내가 좋아하면서 동시에 가치도 있는 일은 무엇일까?'라는 고민 끝에 홈스쿨 미술을 시작했다. 아파트 단지 내에서 아이들이 입소문을 듣고 한두 명씩 찾아왔고 내 아이를 돌본다는 마음으로 재료 탐색부터 가르치는 일까지 정성을 다했다.

내가 홈스쿨 미술을 10년 넘게 할 수 있었던 이유는 순전히 아이들 덕분이었다. 지친 얼굴을 하고 왔다가도 어느새 미술 수업을 들으며 먹구름 낀 얼굴에 햇살 가득한 무지갯빛 미소가 번지는 아이들, 미술 수업을 손꼽아 기다린다는 아이들, "선생님, 미술이 이렇게 재미있는 줄 몰랐어요" 하며 감탄하는 아이들 그리고 그 변화가 너무도 신기해 고맙다고 말하는 부모님들까지 하나도 잊을 수 없다.

미술 수업을 하면서 세 가지 중요한 점을 깨달았다.

첫 번째, 아이는 마음을 읽어주는 것이 가장 먼저라는 것이다. 모든 아이에게는 창의력의 씨앗이 내재해 있기에 잘 자랄 수 있도록 마음 밭을 사랑으로 다져주는 것이 우선이다. 화가 잔뜩 나 있는 아이에게 아무리 좋은 미술 재료를 주어도 굳게 닫힌 마음은 좀처럼 움직이지 않는다. 그런 아이에게는 마음 읽기 미술 처방전이 필요하다. 마음이 행복해야 미술이 즐거워진다.

두 번째, 아이들이 자유롭게 생각을 표현할 수 있는 질문을 해야 한다. 다양한 표현을 하기 위해서는 많이 보고 느낄 수 있는 경험이 중요하다. 솟아나는 호기심은 창의력의 날개를 활짝 펼칠 수 있도록 도와준다. 아이들이 질문을 잘한다는 것은 나 아닌 상대 또는 세상과 관계를 맺고 소통을 잘한다는 의미이기 때문이다.

세 번째, 자연은 예술적 감성을 키워주는 행복한 숲속 학교라는 것이다. 바람에 살랑거리는 나뭇잎, 다채로운 향기와 모양을 뽐내는 수선화, 맨드라미, 들장미, 비바람을 견딘 아름드리나무, 햇살에 반짝이는 작고 예쁜 조약돌…… 자연은 아름다운 보물창고와도 같다. 자연과 벗 삼아 풍부한 경험을 하며 즐기는 미술 놀이는 아이들을 예술가로 만들어주기에 충분하다. 아울러 아이들의 손이 닿는 순간 근사한 작품이 탄생하는 경이로움을 꼭 경험했으면 좋겠다.

이 책을 집필하면서 다년간 아이들을 관찰하고 지도한 경험을 담기 위해 노력했다. 홈스쿨 미술에 관해 궁금증을 가진 부모, 아이들에게 창의성과 감수성을 키워주고 싶은데 어떻게 시작해야 할지 망설이는 부모, 아이의 마음 읽기 방법이 궁금한 부모들에게 좋은 지침이 될 것이다.

1장에는 '마음을 읽는 미술은 무엇일까?'에 관한 이야기를 담았으며, 2장은 다양하게 만나고 즐기는 미술의 세계, 3장은 플러스알파가 되는 마법 같은 미술, 4장은 스토리텔링으로 마음을 배우고 마음을 치유하는 미술 수업, 5장은 가족끼리 마음을 읽고 나누는 다섯 가지 방법을 담았다. 그리고 집에서 쉽게 따라할 수 있는 다양한 미술 활동들로 구성되어 있다.

이 책을 읽음으로써 아이와 가족 모두가 미술이라는 즐거운 여행을 떠날 수 있기를 그리고 창조적 영감을 얻고 행복의 문으로 들어가기를 간절히 바란다.

끝으로 이 책을 쓸 수 있도록 좋은 기회를 준 라온북 식구들에게 감사의 말을 전한다. 행복한 작업을 할 수 있도록 도와준 사랑하는 남편과 소중한 예원이, 병현이에게 이 책을 바친다. 그리고 내가 만난 모든 아이와 학부모님, 늘 기도와 격려로 응원해준 모든 분들께 깊이 감사드린다.

강영애

차 례

2장

다양하게 만나고 즐기는 미술의 세계

3장

플러스알파가 되는 마법 같은 미술

4장

스토리텔링으로 마음을 배우고 치유하는 미술 수업

5장

가족끼리 마음을 읽고 나누는 다섯 가지 방법

엄마표 집콕 미술 플랜 30

자연물 놀이	물감 놀이	명화 놀이
1일 차 콕콕, 조약돌 드로잉 – 돌로 만든 작품	2일 차 채소야! 도장 찍자 – 모양이 달라요	3일 차 마티스처럼 사각사각 – 종이의 새로운 변신
7일 차 숲속 친구 나뭇잎 고슴도치 – 나뭇잎 관찰	8일 차 달걀판 색깔 공 짝짓기 – 달걀판 수학 놀이	9일 차 가우디의 집 탐구 – 알록달록 집
13일 차 자연물 액자 만들기 – 다양한 자연물	14일 차 춤추는 구슬 – 상자 속 구슬 그림	15일 차 김홍도가 간다 – 붓펜으로 그린 풍속화
19일 차 몽당연필 브로치 – 나무 액세서리	20일 차 천연물감 만들기 – 시금치, 비트, 당근 물감 만들기	21일 차 이중섭의 세계 속으로 – 내가 그린 그림 엽서
25일 차 우리 집 문패 만들기 – 오감으로 문패 만들기	26일 차 실 그림을 그리다 – 선이 그리는 예술	27일 차 몬드리안 따라잡기 – 종이 가방 디자인

동화 놀이	재활용품 놀이	요리 놀이
4일 차 석고붕대로 그릇 만들기 – 《네 개의 그릇》(이보나 흐미엘레프스카 글, 논장, 2013)	5일 차 과자 상자 자동차 – 붕붕이를 만들다	6일 차 뻥튀기 탑 – 동그란 뻥튀기 쌓고 꾸미기
10일 차 종이컵으로 말하는 동물 만들기 – 《입이 큰 개구리》(키스 포크너 글, 조너선 램버트 그림, 미세기, 2019)	11일 차 나는 신발 디자이너 – 끈으로 표현	12일 차 초코파이의 변신 – 나를 표현해요
16일 차 종이로 만든 상상 쿠키 – 《쿠키 한 입의 우정수업》(에이미 크루즈 로젠탈 글, 제인 다이어 그림, 책읽는곰, 2014)	17일 차 유리병 화병 – 아크릴화	18일 차 둥둥, 바게트 배 – 달걀 샐러드
22일 차 사과 리스 만들기 – 《하나라도 백 개인 사과》(이노우에 마사지 글, 정미영 옮김, 문학동네, 2001)	23일 차 휴지 속대 가족 인형 – 입체 도형 알기	24일 차 팝스틱 만들기 – 딸기 생크림 케이크
28일 차 나만의 마스크 – 《치킨 마스크》(우쓰기 미호 글, 장지현 옮김, 책읽는곰, 2008)	29일 차 탬버린 만들기 – 종이로 만든 악기	30일 차 꼬불꼬불 라면 캐릭터 – 캐릭터 상상하기

1일 차

'콕콕, 조약돌 드로잉', 여러 돌의 모양을 살피고 아크릴물감으로 조약돌 위에 그림을 그린다.

2일 차

'채소야! 도장 찍자', 감자, 당근, 고구마 등을 다양한 도형 모양으로 자르고 물감을 바른 뒤 종이에 찍는다.

3일 차

'마티스처럼 사각사각', 색종이나 색지를 주제에 맞게 원하는 색으로 오려주고 배열해서 화지에 붙여준다.

4일 차

'석고붕대로 그릇 만들기', 석고붕대를 미리 3~4cm로 자른 후 물을 묻혀 종이컵을 감싸듯이 3회 붙인다. 건조 후 물감으로 채색한다.

5일 차

'과자 상자 자동차', 과자 상자에 창문을 그려주고 백미러, 차량번호 등을 꾸민다. 빨대와 병뚜껑 등을 사용해 바퀴를 만들고 상자에 고정한다.

6일 차

'뻥튀기 탑', 동그란 뻥튀기를 이쑤시개나 꼬챙이로 연결해서 쌓고 다양한 과자나 젤리 등으로 꾸민다.

7일 차

'숲속 친구 나뭇잎 고슴도치', 다양한 나뭇잎을 준비해서 자연물로 고슴도치 모양을 만들어준다.

8일 차

'달걀판 색깔 공 짝짓기', 10구 달걀판 안에 열 개 물감을 골라 밑부분에 채색한다. 볼 풀공 또는 색 구슬 등으로 달걀판에 같은 색을 찾아서 짝지어준다. 덧셈, 뺄셈을 활용해보자.

9일 차

'가우디의 집 탐구', 자신이 상상한 집 모양을 그리고 채색 후 창문 등을 알록달록한 셀로판지로 붙여서 꾸민다.

10일 차

'종이컵으로 말하는 동물 만들기', 종이컵 하단에 칼로 입 모양을 반쯤 자른다. 동물 모양으로 종이컵을 꾸미고, 입 부분 양쪽에 빨대를 붙여준 뒤 움직여준다.

11일 차

'나는 신발 디자이너', 두꺼운 상자 위에 신발을 네임펜으로 따라 그린 뒤 채색한다. 신발 모양을 오리고 펀치로 구멍을 뚫고 신발끈을 묶어준다.

12일 차

'초코파이의 변신', 초코파이 위에 자신을 표현할 수 있는 얼굴, 사물 등을 과자, 젤리 등 다양한 재료로 만들어본다.

13일 차

'자연물 액자 만들기', 나무 액자 위에 솔방울, 나뭇가지, 도토리, 돌 등으로 구성하여 액자를 꾸며준다.

14일 차

'춤추는 구슬', 빈 상자 속에 흰 도화지를 바닥에 넣고 구슬에 물감을 묻혀 자유롭게 움직여준다.

15일 차

'김홍도가 간다', 붓펜을 이용해서 김홍도의 작품을 따라 그려본다.

16일 차

'종이로 만든 상상 쿠키', 두꺼운 상자에 유성 매직으로 쿠키 모양을 그려서 오린다. 매직, 색연필 등으로 채색하고, 비즈 스티커로 쿠키를 꾸며준 뒤 완성된 쿠키를 작은 포장 비닐에 넣어 포장한다.

17일 차

'유리병 화병', 빈 유리병 겉면에 아크릴물감으로 간단한 무늬나 그림을 그려준다. 리본 장식으로 마무리한다.

18일 차

'둥둥, 바게트 배', 바게트 윗부분에 직사각형 모양으로 칼집을 내어 속을 파낸다. 파낸 곳에 달걀 샐러드를 만들어 담고, 깃발을 꽂아준다. (달걀 샐러드 만드는 방법 : 삶은 달걀과 오이, 당근 등 채소를 다져 소금, 후추, 마요네즈를 넣어 버무린다.)

19일 차

'몽당연필 브로치', 굵은 나뭇가지를 연필 크기로 자른 뒤 깎아주고, 유성 매직으로 채색 후 브로치를 붙여준다.

20일 차

'천연물감 만들기', 시금치, 비트, 당근 등을 갈아서 물감을 만들어 작은 약병에 담아서 사용한다.

21일 차

'이중섭의 세계 속으로', 그림엽서 크기로 화지를 자른 뒤 간단한 그림을 그리고 엽서를 꾸민다. 엽서에 우표 모양도 그려준다.

22일 차

'사과 리스 만들기', 사과를 반으로 잘라 물감을 화지에 찍고, 잎사귀 모양도 찍어 오린다. 색지로 리스 모양을 동그랗게 오려서 고정한 후 오려둔 사과 모양을 리스 위에 붙여준다. 중앙에 예쁜 리본이나 종을 달아준다.

23일 차

'휴지 속대 가족 인형', 휴지 속대를 색종이, 털실로 머리를 꾸며주고, 얼굴은 눈알, 구슬 등을 붙여 표현해준다.

24일 차

'팝스틱 만들기', 카스텔라(팝스틱 용기 뚜껑으로 찍어 여러 장을 만들어 둔다.) 딸기, 생크림 순서로 팝스틱 용기에 차곡차곡 담아준다. 팝스틱을 주사기처럼 밀어서 시식한다.

25일 차

'우리 집 문패 만들기', 나무판이나 박스지에 여러 자연물(곡식, 땅콩, 잣, 나뭇가지, 나무 조각 등)로 가족 문패를 꾸며준 뒤 끈을 연결하여 벽이나 문 앞에 달아준다.

26일 차

'실 그림을 그리다', 두꺼운 흰색 실을 진한 색 물감에 담근 후에 흰 도화지를 반을 접고 실을 넣고 잡아 뺀다.

27일 차

'몬드리안 따라잡기', 8절 두꺼운 도화지를 반을 접어서 양쪽을 양면테이프로 고정하고 가방처럼 손잡이 모양을 붙여준다. 색종이로 사각형 모양을 다양하게 오려 붙인 뒤 검정 테이프로 경계를 따라 붙인다.

28일 차

'나만의 마스크', 두꺼운 종이에 얼굴 모양을 그리고 눈과 입을 칼로 오려준다. 얼굴을 채색하고 꾸며준다. 가면 양쪽에 펀치로 구멍을 뚫고 고무줄로 묶어준다.

29일 차

'탬버린 만들기', 일회용 종이 접시를 반으로 접고 펀치로 일정 간격으로 뚫어주다. 빵 끈으로 방울을 달아준다.

30일 차

'꼬불꼬불 라면 캐릭터', 라면에다 자신이 좋아하는 사람이나 캐릭터를 다양한 과자, 색 초콜릿 등으로 재미있게 표현한다.

1장

마음을 읽는 미술은 무엇일까?

그림을 보면
마음이 보인다

그림은 아이들 마음의 언어

아이들은 그림을 통해 자신을 표현한다. 아직 말이나 글로 표현하는 데 서툴고 '그림'이야말로 아이들이 일차적으로 자기 자신을 마음껏 표출할 수 있는 도구이기 때문이다. 따라서 아이들의 그림에는 그들이 일상에서 느끼는 기쁨, 화, 슬픔, 즐거움이 자세히 나타난다. 어린아이를 키우는 부모라면 아이들의 그림에서 여러 가지 표현 방식을 보는 재미를 한번쯤은 경험했을 것이다.

간혹 어떤 부모들은 아이들의 그림을 판단하는 데 더 정성을 기울인다. 그러다 보니 '잘 그린 그림' 또는 '못 그린 그림'이라고 이름표를 달기도 하고, 아이가 그린 대상이 실제 사물과 비슷하지 않다며 아이를 가르치려 한다. 그러나 이는 매우 섣부르고도 위험한 판단이 될 수 있다. 꽃들도 저마다 모양과 이름이 다르듯이 아이들도 그림을 통해 이야기하고자 하는 것이 저마다 다름을 알아야 한다.

아이들의 그림 속에는 그들만의 메시지와 마음의 결이 고스란히 담겨 있다. 부모가 아이들의 그림에서 느껴야 하는 것은 그런 것들이다.

아이들을 더 많이 이해하고 싶다면 '왜 이 그림을 그렸을까?' 질문하고 인정해주고, 의미를 발견해나가는 데 더 집중해야 한다. 그렇게 한다면 아이는 상상 이상으로 자유로운 표현의 즐거움을 경험하게 될 것이다. 부모가 아이들의 그림에서 집중해야 할 것은 아이가 사물을 있는 그대로만 표현하고 똑같이 잘 따라 그렸는지가 아니다. 그림에 담긴 아이의 이야기를 찾아보는 것이 중요하다. 그림 자체에 집중하지 말고, 그 속에 아이의 마음이 들어 있음을 기억하자.

마음 읽기 미술로 가는 4단계

'마음 읽기 미술'은 바로 아이의 마음으로 가는 길을 안내한다. 아이들의 그림을 보고 그 아이의 마음을 읽어내는 것, 그것이 마음 읽기 미술의 핵심이다. 내가 진행하는 미술 수업 '뽀르파트재'의 마음 읽기 미술 수업은 4단계로 이루어진다.

1단계 아이와 미술 교사 간에 좋은 관계 쌓기

미술을 배우러 오는 아이들의 성향은 참 다양하다. 부모의 양육방식, 아이의 자라온 환경, 타고난 기질 등이 다르고 또 아이들은 그날그날의 기분에 따라 변화무쌍한 모습을 보여주기 때문이다. 나는 아이들과 만날 때 성급한 마음을 먼저 버린다. 그림 그리기든 이야기 수업이든 놀이 수업이든 아무리 재미있는 수업도 아이 마음의 문이 먼저 열리지 않고서는 소용없다는 것을 잘 알기 때문이다. 마음이 열리지 않으면 즐거운 수업은 당연히 어려워진다.

내가 아이들 마음에 다가가는 방법은 간단하다. 처음 아이가 오면 아이의 눈을 보고 이야기하는 것이다. 그러고는 아이가 친근감을 느낄 수 있도록 조심스럽게 다가간다.

"안녕, 오늘 입은 원피스 색깔이 잘 어울린다. 선생님도 이 색깔 좋아하는데, 너도 그러니?"

"와~ 너도 이 로봇 좋아해? 선생님도 좋아해! 어른도 이런 거 굉장히 좋아한다. 몰랐지?"

이렇게 아이들의 눈높이에서 아이가 대답할 수 있는 이야기를 꺼내면 아이들은 자기가 좋아하는 색깔이나 옷, 장난감 이야기를 하면서 공통의 소재 속으로 들어온다. 이렇게 몇 차례 시간을 두고 아이들의 마음이 말랑말랑해진 다음 미술 수업이 어떻게 진행되는지 구체적으로 설명해준 뒤 수업에 들어간다.

2단계 아이의 속도에 맞추어 상호작용하기

아이와 좋은 관계가 형성되었다면, 이제 상호작용을 할 차례다. 아이에 따라 적응하는 시기와 시간은 조금씩 다르다. 낯선 환경, 낯선 교사와 관계를 쌓기까지 많은 시간이 필요한 아이가 있는가 하면 금세 적응하는 아이도 있다. 나이가 어릴수록 적응 시간이 더 필요할 때가 많다.

그리고 나는 이 부분을 상담 때 부모에게 반드시 강조해서 말한다. 적응하는 시기가 아이마다 다르다는 것과 미술 교사와 관계 맺는 시간이 필요하다는 것. 그래서 똑같은 수업을 받더라도 개인별로 시간 차가 있다는 것과 성향에 맞게 수업의 진도를 맞추어 진행하기에 짧게는 2주, 길게는 두 달까지 믿고 따라와 줄 것을 약속받고 시작한다.

몇 년 전 만났던 동찬이가 그런 경우였다. 다섯 살 동찬이는 미술을 처음 배우러 왔다. 워낙 활발한 아이라 자리에 앉지 못하고 신기해하며 이곳저곳을 돌아다녔다. 그러나 나는 아이를 말리고 막기보다는 "동찬아, 궁금한 게 많니? 선생님하고 함께 알아볼까?" 하고 동찬이 눈을 바라보며 다가갔다. 동찬이는 고개를 끄덕이더니 나와 손을 잡고 교실에 널려 있는 미술 도구들을 꺼내보며 교실 구석구석을 탐색했다. 일주일이 다 되도록 동찬이가 미술 수업에 와서 한 일이라고는 교실을 둘러보고 이곳저곳을 탐색하는 일이 다였다. 그렇게 한참을 보낸 뒤 나는 동찬이에게 말했다.

"동찬아, 선생님하고 재미있게 미술 수업하려면 약속이 필요해. 선생님이 말을 하면 선생님 눈을 쳐다보고 선생님이 하는 말을 듣는 거야. 할 수 있겠어?"

동찬이는 내 말에 고개를 끄덕였다. 이후 동찬이는 수업 중에 "선생님 도와줄 수 있는 사람?" 하면 가장 먼저 달려오는 아이가 되었다. 나와 눈을 먼저 맞추는 일도 꼬박꼬박했다. 눈도 안 마주치고 교실을 여기저기 휘젓고 다니던 동찬이의 변화에 그 어머니는 놀라워했다. 이렇듯 어떤 아이라도 자기만의 속도를 지켜주면 눈 맞추는 일도, 상호작용하는 일도 얼마든지 가능하다. 동찬이는 이후 네 달 만에 수업을 리드하는 아이가 되었다.

3단계 자신을 알아가기

아이들은 미술을 통해 자기 자신을 알아간다. 나를 알고 이해하는 것은 아이들이 새로운 환경, 새로운 시간, 새로운 친구들에게 적응하는 데 큰 도움이 된다. 나는 우리 수업에 오는 유아들에게 아이들이 좋아하는 애니메이션 〈뽀롱뽀롱 뽀로로〉의 캐릭터들로 접근한다.

"뽀로로 친구 가운데 누구랑 가장 비슷하다고 생각해?"라고 묻거나 "뽀로로, 크롱, 패티, 루피, 에디, 포비, 해리 가운데 누구랑 가장 친해지고 싶어?"라고 묻는 것이다. 이런 질문을 하면 유아들은 대번에 자기와 가장 비슷한 등장인물을 꼽는다.

"저는 루피와 많이 닮았어요. 요리하는 것도 좋아하고 맛있는 음식을 친구들과 나누어 먹는 것이 너무 좋아요."

"저는 에디요. 에디는 장난꾸러기지만 만들기 좋아하잖아요. 저도 만드는 것 좋아해요."

아이들은 이유를 묻지 않아도, 왜 자기가 그 캐릭터를 좋아하는지, 왜 자신이 그 캐릭터라고 생각하는지 술술 이야기한다. 자신을 알아가는 일은 마음을 들여다보는 한 가지 방법이다. 그런 면에서 뽀로로의 친구들은 '뽀르파트재'의 좋은 거울이 되어준다.

4단계 미술을 통해 타인과 세상을 보는 안목 키우기

아주 어린아이들도 세상을 보는 안목을 시시때때로 키우면서 자란다. 그림을 그리고 재료를 모아 만들기 활동을 하는 것도 아이들에게 작은 세상을 경험하게 해주는 일이라고 나는 믿는다. 일단 다른 사람들을 만나게 되고, 그들의 그림과 작품들을 통해 자신과 다르게 사물을 보는 친구들, 자신과 다른 색깔로 사물을 칠하는 친구들을 보기 때문이다. 홈스쿨 미술에서는 미술 활동을 할 때 개인별로 작품을 만들거나 공동 작업을 하는데, 수업을 마무리하면서 아이들이 각자 자신이 그린 그림을 친구들 앞에서 발표하는 시간을 가진다. 이때 아이들은 같은 주제라도 각자 경험치에 따라 그림 표현이 다르고, 선택하는 재료도 다름을 보면서 나와 다른 관점과 시각을 배우게 된다. 또한 다른 친구의 그림에서 느낀 점을 서로 나누면서 서로 칭찬하고 서로의 다름을 인정하는 배움의 시간도 갖는다. 세상과 소통하고 교감하여 얻는 소중한 경험들이 바로 이 시간에 일어난다.

"선생님, 기린을 그릴 수가 없어요"

초등학교 3학년 여자아이 예슬이는 처음 상담을 올 때부터 수줍음이 많고 낯을 가리는 편이었다. 3학년이 되기까지 미술학원에 다녀본 경험이 없다고 했다. 일주일에 두 번씩 미술 수업에 올 때마다 표정이 참 밝고 매우 즐겁게 수업에 참여한다. 어느 날 '행복한 동물원'이라는 주제로 수업을 하는데, 예슬이는 쭈뼛쭈뼛하며 한참을 도화지만 쳐다보고 있었다. 평소와 다르게 예슬이의 표정이 심각하다는 것을 알아챈 나는 무슨 일이 있느냐고 물었다.

그러자 예슬이는 "선생님, 동물을 안 그리면 안 되나요?"라고 물었다. "아, 동물을 그리고 싶지 않구나? 왜 그런지 이유를 말해줄 수 있을까?" "기린을 그리고 싶은데, 기억이 잘 안 나요. 아주 어렸을 때 본 적이 있는데, 너무 오래되어서 생각이 안 나요." 예슬이의 솔직한 대답에 나는 "아하, 그랬구나. 그럼 선생님하고 기린이 나온 책과 영상, 다큐멘터리 같은 걸 찾아서 같이 보자. 여기서 보고 다시 그려보면 될 거야. 어때?"라고 대안을 제시했다. 예슬이는 좋다고 대답했고 우리는 아이들과 함께 동물도감과 다큐멘터리 영상을 찾아보고 시청했다. 다 보고 나서 예슬이에게 물었다.

"자, 기린은 어떤 특징이 있는 거 같아?"

"목이 생각보다 엄청 길고, 무늬 모양도 조금 쭈글쭈글한데요? 그리고 눈이 진짜 크네요. 얼굴을 반 가까이 차지하는 것 같아요." 이어서 예슬이는 "선생님, 이제 기린을 그려볼게요."라고 했다.

보통 3학년 정도면 주요 동물들의 세밀한 움직임까지는 아니어도 대략 형태는 그릴 수 있다. 아무리 실제 기린을 보지 못했더라도 기린을 그릴 수 없을 정도는 아니라는 얘기다. 학부모 상담이 있던 날, 이 이야기를 예슬이 어머니께 해드렸다. 예슬이 어머니는 그동안 매우 바쁘고 또 집안 형편도 어려워져서 가족끼리 단란하게 나들이하기가 힘들었다고 했다. 그러면서 예슬이가 기린 그림을 못 그리겠다고 한 데에는 많은 마음이 숨어 있는 것 같다고 했다.

이후 주말을 지내고 온 예슬이는 내게 엄마 아빠와 동물원에 다녀왔다며 자랑스럽게 동물원 나들이 이야기를 들려주었다. 동물원의 생생한 모습들을 함박웃음을 지으며 설명하는 예슬이를 보고 아이의 마음을 읽으려 애쓰고 교사의 말에 귀 기울여 행동해준 예슬이 어머니께 고마웠다.

칭찬이 필요하고 고팠던 아이

우리 집 앞 동에 사는 성민이는 아들과 단짝 친구다. 매우 침착하며, 순수한 데다 듬직한 성민이는 다섯 살 차이 나는 남동생이 한 명 있다. 아들과 매우 잘 놀고 사이가 좋아서 우리 집과 성민이네 집을 편하게 오가는 사이다. 성민이 어머니는 나에게 성민이가 동생으로 인해 스트레스를 많이 받는 것 같다고 고민을 넌지시 말하며 미술을 배우면 감정을 표현하고 발산할 수 있는 통로가 될 것 같다고 홈스쿨 미술을 보냈다. 일주일에 한 번씩 성민이는 미술을 하러 왔다. 다양한 재료 탐색과 매번 바뀌는 수업에 매우 흥미로워하는 성민이는 수업 시간에 질문도 많고 표정도 살아 있었다. 한마디로 미술을 즐길 줄 아는 아이였다.

어느 날 성민이가 백업(막대 스펀지)을 가지고 와서는 "선생님, 이건 뭐예요?"라고 물었다.

"백업이라고 부르고, 굵기와 색깔도 다양해. 너는 무슨 모양 닮은 거 같아?"

"저는 가래떡 같아요."

"그래? 재미있는 표현이네."

하루는 성민이가 열심히 만든 제법 큰 작품을 집으로 가져가라고 말했다. 그런데 성민이는 이를 단호히 거절했다.

"선생님, 제 작품은 여기에 전시해주시면 안 돼요? 가지고 가고 싶지만, 동생이 부술 수도 있어서 여기에 보관해주시면 좋을 거 같아요. 동생이 제 물건을 자꾸 망가뜨려요."

성민이는 개구쟁이 남동생이 귀엽기도 하지만 자신이 하는 일, 가는 곳마다 따라다니고 만지는 바람에 많이 힘들고 지쳐 있었다. 형이라는 이유로 자주 혼이 나서 동생이 밉고 때론 귀찮다고 했다.

"선생님은 혼내지 않아서 너무 좋아요. 이곳에 오면 칭찬을 많이 받아서 너무 신나요."

"그래? 다행이구나. 선생님은 성민이랑 수업할 수 있어서 너무 행복한걸."

내가 보아온 성민이의 부모님은 예의 바르고, 성품이 온유하다. 특별히 부산하지도 않아 혼날 것 같지 않은 아이가 혼나지 않아서 좋다는 표현을 한 것이 내 귀에 자꾸 맴돌았다. 아마 성민이에게 칭찬은 '사랑의 언어'인 것 같았다. 칭찬이 고픈 아이에게 적기에 하는 칭찬은 아이를 위로하고 내면의 힘을 기르는 데 제격이다.

그림은 마음을 보는 안경

그림에는 힘이 있다. 색깔, 선, 면, 형태 등의 다양한 상징으로 사물을 표현하기에 아이들 마음에 숨어 있는 감정은 물론이고 아이들이 미처 생각지 못한 상상력도 발현할 수 있게 해준다. 나는 미술이야말로 아이들의 마음을 보는 안경이라고 생각한다. 겉으로는 알 수 없는 아이들의 생각과 마음을 읽을 수 있는 안경을 쓴다면 아이들 마음에 한 걸음 더 다가갈 수 있을 것이다.

마음 읽기 미술을 통해 내 아이가 지닌 고유한 창의력을 발견하고, 아이들이 만들어갈 경이로운 그림의 세계로 빠져들기를 바란다. '그림'이라는 통로가 마음을 보는 창문이 된다는 것은 참으로 멋진 일이다. 그 창문을 똑똑 두드릴 것인지, 벨을 누르고 기다릴 것인지는 부모의 몫이다.

아이들의 마음과 만나는 통로

아이들 마음을 만나는 방법

아이들은 각기 고유한 예술 작품이다. 아이마다 환경이 다르고 성향도 천차만별이다. 아이들의 마음을 만나려면 아이들이 가진 감정의 언어를 읽어야 한다. 아이들의 그림은 다양한 감정을 여러 가지 색깔로 표현한 '마음의 언어'다. 마음의 언어를 읽기 위해서는 그 마음을 여는 시작점이 중요하다. 그래서 아이들 유형에 따른 관계 맺기 방법이 필요하다.

아이마다 관계 맺는 방식이 다르다

나는 사람의 성격을 크게 아홉 가지로 분류한 성격 유형 테스트 에니어그램과 홈스쿨 미술의 대상이 대체로 어린아이들이라는 점을 착안하여 내가 수업하는 홈스쿨 미술 교육에 맞게 재구성하였다. 아이들은 크게 감정형 아이, 이성형 아이, 행동형 아이로 분류된다. 각각의 유형은 다음과 같이 관계를 맺을 때 효과적이다.

감정형 아이는 이성보다 감정 인지가 더 빠른 유형이므로 타인의 작은 표정, 손짓에도 매우 민감한 편이다. 교사는 진심을 담아 공감해주고, 아이의 행동에 세심하게 반응하고, 긍정적인 행동을 할 때 칭찬과 격려의 말을 해준다. 감정형 아이가 있으면 수업 시작 전에 아이의 감정을 먼저 살핀다.

"지금 기분이 어때?"

"선생님, 오늘 속상한 일이 있었어요. 그래서 기분이 안 좋아요."

"매우 속상하구나. 속상한 이유를 말해줄 수 있니? 지금 말하기 힘들면 나중에 얘기해줘도 된단다. 물 한 잔 마시고 잠시 쉬었다가 수업할까?"

그다음 이성형 아이는 논리적으로 사고하며 지식 흡수가 빠른 편이지만 본인이 직접 이해하지 않으면 행동으로 이어지기 어려운 유형이다. 그리고 타인의 감정을 읽거나 감정 언어 표현이 적다. 이런 아이는 관심 분야가 어디에 있는지 살펴봐야 한다. 첫 수업 시간에 발표를 잘한 경우라면 두루뭉술하게 말하지 말고 구체적으로 칭찬의 말을 해주는 게 좋다. "하준아, 잘했어!"가 아니라 "하준이가 초식공룡과 육식공룡의 종류와 차이점에 대해 자세히 설명해주었구나!"와 같이 아이가 발표하고 생각을 펼친 부분을 구체적으로 말해주는 것이 좋다.

마지막으로 행동형 아이는 주변 사람들을 잘 수용하고 안정적인 유형이다. 한편 문제나 갈등 상황에 부딪히는 것을 매우 힘들어 한다. 교사 입장에서 행동형 아이는 본능적으로 행동하기를 좋아하는 유형이므로 행동의 경계와 끝맺는 방법을 알려주는 것이 필요하다. "은별아, 오늘 ○○ 주제에 관해 이야기 나눈 뒤에 스케치를 완성해보자" 하는 식으로 오늘 해야 할 수업에 관한 계획을 함께 공유하는 것이 좋다.

감정을 읽는 데 서툴렀던 아이

당차고 공부도 상위권이던 초등학교 5학년 혜진이는 스스로 그림 솜씨가 영 부족하다고 생각해서 이를 보완하고자 홈스쿨 미술의 문을 두드렸다. 우연히 '홈스쿨 미술 전시회'를 보고 용기 내어 엄마를 조른 것이다. 상담을 하던 날 성취욕이 강한 혜진이는 언제부터인가 미술이 어렵게 느껴졌다고 했다. 혜진이 어머니는 아이를 이해하는 데 도움이 될까 하여 나에게 저학년 때 그린 그림을 한 장 건네주셨다. 예닐곱명이 강강술래를 하는 그림이었는데 기술적 표현은 좋았지만 인물들이 모두 무표정이었다.

그렇게 혜진이와의 수업이 시작됐고, 관계 맺기를 통해 서서히 마음의 문을 열기 시작했다. 혜진이네 부모님은 늦은 나이에 혜진이를 낳았고 주말부부로 지내면서 맞벌이를 한다고 했다. 그러다 보니 가족 간에 충분한 교감이나 소통할 시간이 부족하다는 것을 알게 되었다.

혜진이는 이성형 아이였다. 질문에 대한 대답도 짧고, 자기 감정 표현을 하는 것도 많이 어색해했다. '학교 → 학원 → 집'을 반복적으로 다니며 자기 일을 묵묵히 했지만, 아이만의 고민이나 생각들을 소통하지 못한 것이 느껴졌다. 강강술래 그림 속 인물들의 표정이 없었던 이유도 감정의 색깔을 찾아주는 경험이 부족하기 때문은 아닐까 하는 아쉬움이 들었다. 그래서 혜진이와 수업하는 동안은 마음을 읽고 감정 언어로 표현하는 연습을 많이 가졌다.

"혜진아, 오늘 너의 기분을 한 단어로 표현해볼래?"

"음, 저는 기쁨이요."

"그래? 이유가 궁금한데 말해줄 수 있니?"

"오늘은 미술하러 오는 날이라 정말 기대가 되었어요. 학교에서 걸어오면서 기뻤어요."

"우와, 선생님도 혜진이 정말 보고 싶었는데, 기쁘다고 말해주니 매우 감동적이다."

혜진이는 미술 수업을 하면서 처음하고는 달리 자기 감정을 편하게 표현하게 되었고, 이러한 변화로 인한 지식과 생각이 머리에서 가슴으로 스며들어 그림 속 인물들에게도 다양한 감정을 표현했다. 미술 수업 시간에 웃음과 대화가 많아진 아이는 어느새 미술 속으로 빠져들었다.

혜진이 어머니는 혜진이가 "미술이 이렇게 재미있는 줄 몰랐어요."라고 말했다며 너무 행복한 수업을 해주셔서 감사하다는 말을 거듭했다. 감정은 느끼는 것만큼 표현하는 것도 중요하다. 혜진이의 숨은 멋진 감성이 더 살아나고 꽃피기를 기대한다.

독창적이고 창의성이 뛰어났던 아이

모든 아이가 내가 말한 세 가지 유형 중 하나의 유형만 가지고 있는 것은 아니다. 어느 아이는 행동형과 이성형이 섞여 있기도 하고, 또 어느 아이는 세 가지 성향이 골고루 나타나기도 한다. 그리고 세 가지 성향이 고루 나타나는 아이 가운데에도 독창적이고 창의력이 뛰어난 아이가 있다.

그렇다면 독창적이고 창의력이 뛰어나다는 의미는 무엇일까? 아이들은 다양한 방식으로 자신의 개성과 창의성, 독창성을 드러내는데 내가 아는 한 아이는 발상 전환이 뛰어났다. 그 주인공이 바로 열한 살 해솔이었다. 한 예로 내가 살고 싶은 집을 스케치하여 그리고, 조형물로 입체 표현을 하는 과정에서 해솔이는 3층 집을 만들었는데 2층에서 1층으로 내려가는 방법을 매우 독창적으로 생각해냈다. 평소에도 해솔이 부모님은 미래에 살 집에 대해 가족들과 많은 대화를 나누었다고 한다. 그래서인지 해솔이는 이번 주제에 관심과 열정이 대단했다. 미래의 집에 대한 자신의 독창적인 생각을 펼쳐나간 점이 매우 흥미로웠다.

해솔이는 자신이 만든 3층 집 건물의 1층 한쪽 공간은 전면 유리 온실을 만들었고, 열대지방의 꽃들과 식물을 키우는 식물원에 착안했다고 설명했다. 보통의 아이들은 위층에서 아래층으로 내려갈 때 계단이나 엘리베이터를 생각하기 마련인데, 해솔이는 1층과 2층 사이에 나무계단 외에도 '나선형으로 된 튜브 미끄럼틀'을 연결해놓았다. 천문학자가 꿈인 해솔이는 천창을 꼭 달아서 밤에 달과 별의 움직임을 보고 싶다고 하여 3층 다락방 지붕을 낸 창에 투명 필름지를 붙여 하늘을 볼 수 있도록 했다. 옥상에는 수영장과 한쪽에는 텃밭도 꾸며주었다.

"해솔아, 네가 살고 싶은 집 정말 근사한걸? 1층으로 내려갈 때마다 미끄럼틀을 타는 거야? 정말 멋진걸."

"선생님, 저는 3층에 꼭 살고 싶었어요. 1층에는 가족들의 방과 주방, 화장실을 꾸미고, 2층에는 서재를 만들어서 책도 실컷 읽고 싶어요."

"아, 그렇구나. 1층과 2층 사이에 근사한 미끄럼틀로 연결했던데 어떻게 그런 생각을 한 거야?"

"2층에서 1층을 조금 빠르고 재미있게 내려가고 싶었어요. 예전에 엄마와 실내놀이터를 다녀온 것이 기억나서 튜브 미끄럼틀 모양을 만들었어요."

"선생님, 제가 만든 집에는 방이 많아요. 왜냐하면 할머니, 할아버지랑 함께 살고 싶어요. 온실을 만든 이유도 할머니, 할아버지가 꽃과 식물을 좋아하시기 때문이에요."

나는 조형 활동 시간을 통해 아이의 따뜻한 마음을 읽을 수 있었다. 해솔이는 자신이 만든 나선형 튜브 미끄럼틀 이야기를 하면서 마냥 즐거운 표정을 지었다. 자유롭게 생각하고, 재료를 선택하고, 맘껏 표현할 수 있도록 기회를 준 것이 아이의 창의성을 빛나게 했다.

아이들은 원래 경계가 없이 태어난다. 아이들에게 경계를 생각하지 말고 마음껏 표현하게 하자 창의성과 독창성도 자유롭게 빛나는 것을 나는 많은 아이를 가르치면서 확인할 수 있었다. 해솔이는 학교에서도 생각의 틀을 깨는 표현력이 뛰어나 수업 중에 선생님이 아이들에게 해솔이의 작품을 자주 소개한다고 했다.

예를 들어 사자를 그려서 채색하는 경우 대체로 아이들은 크레파스나 색연필로 칠하는데 해솔이는 색종이를 길게 찢고 돌돌 말아서 사자의 갈기를 표현하고, 병아리를 표현할 때는 종이컵에 물감을 묻혀서 병아리의 머리 부분은 종이컵의 아래 작은 동그라미를 찍고, 몸통 모양은 종이컵 맨 위에 큰 동그라미를 찍어주었다. 종이컵은 종이 재질이지만 단단해서 손에 잡고 모양을 찍기에 좋다. 해솔이는 재료의 특성을 살려서 개성 있게 표현할 줄 알았다. 이렇듯 아이들에게 경계를 없애줄수록 표현 방식도 다양해질 수 있다.

그림은 마음의 집짓기다

집 짓기는 힘들고 시간이 많이 걸린다. 그림도 마찬가지다. 그만큼 많이 기다려줘야 한다. 기계로 뚝딱 완성되지 않듯이 아이들도 자기만의 그림을 그려야 하기에 시간이 필요하다. 아이들이 만들어갈 마음의 집은 아이의 삶을 견인할 수 있도록 튼튼하게 지어야 한다. 아이들은 미래를 향해 가는 마라톤 선수와 같다. 그래서 마음의 집짓기가 더 중요하다.

질문으로 아이들의 세계를 확장하라

미운 오리 새끼는 어디로 갔을까?

어느 여름날, 엄마 오리 한 마리가 호젓한 연못가에 알을 품는다. 알을 깨고 나온 오리는 부드러운 털에 앙증맞은 새끼 오리의 모습과는 달리 희끗희끗한 털에 덩치만 커다란 모습이다. 그 오리는 자신이 남들과 다르다는 것을 알게 됐고, '다르다'라는 이유로 못생겼다는 비난을 받고 형제들에게도 미움받는 외톨이가 된다. 오리 무리에서도 미운 오리 새끼가 설 자리는 없었다. 형제와 동족 집단에서 받아들여지지 못한 미운 오리 새끼는 결국 집을 나온다. 그렇게 혼자 외롭게 울며 걷던 미운 오리 새끼의 눈앞에 아름답고 우아한 백조 무리가 들어온다. 자신과 생김새가 같은 그 백조 무리는 미운 오리 새끼를 반갑게 맞이했고, 미운 오리 새끼는 자신이 오리가 아니라 백조임을 알게 된다.

많은 이들이 어릴 때 읽고 감동했던 안데르센의 동화 《미운 오리 새끼》의 내용이다. 나 역시 자기 무리를 찾아간 미운 오리의 모습을 보고 안도의 숨을 쉬며 기뻐했던 기억이 있다. 그래서 나는 수업 시간에 이 동화를 아이들과 다른 각도로 질문하고 생각해 보는 시간을 가졌다.

'만약에 미운 오리 새끼가 자신이 태어난 연못가를 떠나지 않고 평생 거기서 살았다면?'

'만약 잘못 굴러온 알을 본 엄마 오리가 이상하게 생겼다고 그냥 버렸다면?'

'미운 오리 새끼가 자신의 동족인 백조가 하늘을 나는 장면을 평생 보지 못했다면?'

'만약 알에서 나온 것이 오리도 백조도 아닌 다른 종류였다면?'

다양한 질문을 하며 아이들과 이야기를 나눠보았다. 질문에 대한 아이들의 반응도 제각각이었다. 그중 '알을 품은 엄마 오리가 못생겼다고 미운 오리 새끼를 버려두고 떠났다면 미운 오리 새끼는 어디로 갔을까?'라고 물었다.

다해는 이렇게 답했다. "지나가는 할머니가 미운 오리 새끼를 발견해서 집으로 데리고 가서 키웠을 거 같아요." 승민이는 "아마도 미운 오리는 혼자 길을 떠나서 집에 돌아오지 못하고 헤매다가 다른 착한 오리 식구를 만나 함께 살았을 거예요. 나중에 모습이 다른 자신을 발견하고 고민에 빠져 있을 때 숲속에 사는 올빼미 할아버지가 와서 미운 오리 새끼를 위로하고 백조들의 무리와 미운 오리 새끼를 만나게 해줘요."라고 말했다. 같은 상황을 두고 아이들의 반응과 생각은 모두 달랐다. 이것이 질문의 묘미다. 이야기를 통해 전달만 했을 뿐인데, 목표 지점이 제각기 다르다.

시대는 변하고 있다. 디지털 환경에 익숙한 시대, AI나 로봇 등 4차 산업혁명, 다변화하는 세대에 인간만이 지닌 고유한 능력은 '생각하는 능력'이다. 생각하는 능력을 훈련하기 위해서는 질문이 지닌 힘을 활용해야 한다. 질문은 아이들에게 생각의 깊이를 키워주고 아이만의 답을 찾아가게 한다.

생각하는 힘이 곧 질문하는 힘이다

2018년 이탈리아 밀라노에서 열린 유명 명품 컬렉션에서는 매우 색다른 장면이 연출되었다. 새로 출시된 명품 가방이 드론에 매달린 채 런웨이 위를 날아다녔기 때문이다. 당시 언론과 평단은 매우 신선한 아이디어라고 극찬했다. 모델의 전유물로만 알았던 런웨이를 드론이 대신하여 세계적인 패션쇼를 장식하는 시대가 되었다. 그러면 이러한 독창적인 아이디어는 누가 냈으며, 어떻게 이런 기발하고 창의적인 생각을 하게 되었을까? 발상의 진원지가 어디였든, 이 연출은 '늘 하던 방식에서 벗어나 조금 더 새롭고 신선한 방법은 없을까?'라는 꼬리에 꼬리를 무는 생각들이 만들어낸 결과일 것이다.

생각하는 일은 관찰하는 데서 출발한다. 다각도에서 자세히 오래 바라볼 때 가능하다. 우리는 생각을 중시하며 살고 있는지 돌아볼 필요가 있다. 요즘은 신입사원을 뽑을 때도 블라인드 면접을 하는 회사들이 늘어나고 있다. 아마도 공정한 인재 등용을 위한 노력이 아닐까? 어떤 회사는 '역경 지수'를 평가하고, 유명한 모 기업에서는 자신을 설명하는 방법으로 '최근에 직장이나 일 외의 목적으로 만난 다섯 명의 평균이 바로 당신이다'라는 아이디어를 내어 면접자가 본인이 최근 만난 다섯 명에 관해 발표한다고 한다. 해당 면접자의 일상과 관심사 등을 고려하여 입사 여부를 판단하는 것이다.

새로운 시대는 이렇듯 전방위적으로 다가오고 있다. 정답을 강요하던 시대의 옷을 버리고 틀을 깨서 변화할 수 있는 유연하고 창의적인 생각으로 미래를 나아가야 한다.

나는 질문을 활용한 생각 수업을 하기 위해 아이들에게 질문 트레이닝을 시킨다. 나의 미술 수업의 가장 기본적인 교육 목적은 아이들 스스로 생각하는 힘을 길러서 사고하고 표현하는 능력을 높이는 것이다. 따라서 우리 수업에서 교사가 답을 주는 일은 결코 없다. 스케치북에 손대지 않는 것은 물론이고, 말로도 간섭하지 않는 것을 무엇보다 중요하게 생각한다. 질문이 많은 아이는 호기심도 많지만, 생각하는 힘도 탄탄하다. 아이들이 생각하는 법을 익히는 데 질문이 필요한 이유가 여기에 있다. 질문에 답변을 많이 한 아이들일수록 질문하는 법도, 방식도 많아질 수밖에 없다.

생각은 틀을 깰 때 자란다

미술 수업을 오는 아이들은 성향이 다 다르다. 소심한 아이, 산만한 아이, 공격적인 아이, 감성적인 아이, 사회성이 부족한 아이, 활동적인 아이, 자신감이 없는 아이 등 가을의 오색 단풍잎 색깔만큼이나 아이만의 색과 결이 다양하다. 그래서 미술 수업에서도 아이의 성향에 맞는 수업이 필요하다. 다름을 인정하고 아이에게 맞는 맞춤 미술을 해야 한다. 아이들은 저마다 신비로운 능력을 지니고 있기 때문이다.

미술이라는 마법의 방에 들어와서 자신만이 가진 상상력의 문들을 하나씩 열면 아이들의 창의력은 어느새 쑥쑥 자란다. 아이들은 대체로 호기심이 많아서 질문 쏟아내기를 잘한다. 그런데 부모나 어른들은 정답만을 강요당하며 살아왔기에 아이들의 익숙지 않은 질문 공세에 "조용히 해"라든지 "그럴 시간에 차라리 공부해" 등의 말로 쐐기를 박는다. 결국 아이들은 입을 닫아버린다. 그래서 어떤 아이는 굳게 닫힌 자물쇠를 푸는 시간이 꽤 오래 걸린다.

미술 수업하는 동안은 아이들이 자유롭게 상상하고 질문하게 하면서 생각의 틀을 깨어 생각하는 힘을 키워주고 싶다. 질문을 통해 생각의 깊이를 키워 아이만의 가치 있는 정원을 만들어주고 싶다. 그래서 아이가 지닌 보물 같은 창의적인 상상력을 그림 속에 마음껏 펼치기를 바란다.

사실 일주일에 불과 한두 번 만나는 미술 수업에서 아이들을 완전히 변화시키는 데는 무리가 있다. 그렇지만 적어도 이런 노력이 아이들에게는 작은 변화의 시작이 되리라 믿는다.

'질문하기'로 충분하다

'피터팬과 움직이는 해적선'이라는 주제로 일곱 살 건우와 수업할 때의 일이다. 배를 만들고 마지막으로 배의 이름을 정하자 건우가 말했다. "선생님, 배 위에 깃발을 세워주고 싶어요."

건우는 곧 종이에 깃발을 그린 뒤 이를 오려 아이스크림 막대에 붙이고는 테이프를 가져와 배 아래쪽에 막대를 고정했다. 그런데 나무 막대가 무거운 탓인지 자꾸 기울어졌다. "아, 막대가 무거워서 자꾸 쓰러져요."

건우의 말에 내가 "어떤 재료를 사용해야 막대가 쓰러지지 않을지 생각해볼래?"라고 질문하자 건우는 한참 생각한 뒤 미술 재료가 있는 아트월로 갔다. 그러고는 몇 개의 재료를 놓고 고민한 끝에 단단한 빨대를 가져왔다. 건우는 곧 빨대를 깃발 막대에 사선으로 붙여주고는 배 위에 고정했다. 이번에는 제법 단단하게 서 있는 빨대 깃발을 보고 건우가 말했다.

"선생님, 이제 깃발이 잘 서 있어요."

"와, 어떻게 이렇게 멋진 생각을 했니?"

"음, 나무보다 빨대가 가벼우니까 빨대를 골랐고요. 일자로 세우니까 힘을 못 받는 거 같아서 사선으로 붙여서 세워줬어요. 지게 모양이 생각나서요."

내가 한 것은 기다려주는 것과 질문하기가 다였다. 아이가 여러 가지 경우를 탐색한 끝에 재료 선택도 고정하는 과정까지도 스스로 해결할 수 있었다. 예를 들어 재료를 붙이는 데에도 풀, 글루건, 접착제, 테이프 등이 있고, 어떤 아이는 종이와 종이를 붙일 때 풀이 아닌 글루건을 사용하려고 한다. 이러한 작은 선택 역시도 교사는 기다려줘야 한다. 관찰과 탐색을 통해 재료가 이해될 때 비로소 아이들은 미술 재료를 유연하게 자기 것으로 사용할 수 있다. 아이들이 그리거나 만드는 내용에 따라서 자발적으로 재료와 도구들을 찾아서 쓸 수 있도록 환경을 만들어주어야 아이가 스스로 생각하고 유추해보면서 선택할 수 있다.

아이들은 스스로 문제를 해결한다

건우도 처음에는 빨리빨리 답을 내는 것을 원했고, 늦둥이라 형과 엄마가 미리 답을 내주는 데 익숙해 있었다. 처음에 수업하고 한동안 건우는 매번 내게 어떻게 해야 할지 사소한 것까지 물었다. 이전까지는 누군가가 과정 없이 결과를 알려주는 게 익숙했기 때문에 스스로 생각하고 질문하는 방법을 모르는 것이었다. 수업하는 과정을 통해 건우는 스스로 생각하고 선택하는 긍정적인 변화를 가져왔다. 수업을 마친 후 건우 어머니와 오늘 수업 과정에 관한 이야기를 나누었다. 어머니 역시 이전에 볼 수 없던 건우의 모습들에 깜짝 놀란다고 했다. 주도적이고 적극적인 모습이 매우 낯설고 한편으론 대견하다고 말했다.

아이들을 위해서라면 정답을 찍어내는 것이 아니라 조금은 시간이 들더라도 과정을 중요하게 여기며, 아이들이 스스로 해답을 찾아가도록 기다려주는 태도가 필요하다. 실감 나는 체험을 하면서 아이들이 실패와 실수를 통한 시행착오를 경험하며 만들어낸 결과물은 더 애착이 갈 뿐 아니라 성취감과 자신감이라는 뜨거운 에너지가 강물처럼 차오를 테니까 말이다.

생각의 스위치를 켜고, 세상을 맘껏 산책하자

아이들은 그림을 그리면서 마음껏 놀이하고 생각을 펼쳐 창의적인 표현을 통해 기쁨을 맛본다. 아이들의 상상력은 탁월하다. 그런 상상력 위에 아이들이 스스로 탐색하고 발견하도록 충분한 과정을 통해 날개를 달아준다면 힘껏 비상할 것이다. 건우의 이야기처럼 아이 안에 있는 답을 찾을 수 있도록 질문하고 스스로 답을 찾도록 작은 것부터 기회를 주는 것이 필요하다.

친구들과 사람에게 관심이 많은 소영이는 자기 생각보다는 친구들의 생각을 따라갈 때가 많았고 스스로 생각하는 것을 힘들어했다. 미술 수업을 하면서 나는 소영이에게 천천히 질문을 늘려나가며 생각하는 훈련을 연습하도록 했다.

"소영아, 오늘 조형 활동의 주제는 '미래에 살고 싶은 내 집'이란다. 네가 알고 있는 집의 종류에 대해 말해볼래?"로 질문한 뒤 다양한 건축물들을 보여주며 이해를 도왔다. 브레인스토밍을 통해 집에 대해 알아보고 다양한 생각을 모은 뒤 설계도를 스케치하는 것이다. 스케치한 것을 기본으로 본격적으로 집을 만든다. 궁금한 부분이 있을 때는 직접 노트북에서 자료를 찾거나 질문을 한다.

"소영아, 이번 수업에서는 두 가지 미션이 주어질 거야. 첫째는 집을 만들 때 반드시 움직이는 부분이 있어야 하고, 둘째는 집 안의 가구 중 한 가지 이상을 입체적으로 만드는 거야."

소영이는 집 만들기 수업을 6주에 걸쳐서 완성했다. 자신이 완성한 작품을 보면서 "선생님, 집을 만드는 게 엄청 힘들었는데, 지금 보니 제가 만들었다는 게 믿어지지 않아요." 하며 자기 작품을 뿌듯해했다.

나는 수업하는 동안 아이가 힘들어할 때마다 긍정의 피드백으로 지지하며 격려를 아끼지 않았다. 아이들에게 생각의 스위치를 항상 켤 수 있도록 누군가 질문한다면, 아이들은 넓고 광활한 세상을 맘껏 산책하며 세상 너머를 상상하게 될 것이다. 수업이든 대화든 과정은 모든 교육에서 중요하다. 아이마다 성향이 다르고 좋아하는 것도 제각각이라 아이에게 맞는 접근방식과 질문이 필요하다. 질문을 통해 아이들에게 스스로 답을 찾아가는 과정을 선사해주자. 질문의 힘은 강하다.

미술로 유대감, 공감력의 날개를 다는 아이들

아이들의 마음을 바꾸는 시간, 90분

아이들의 미술 수업은 보통 90분이다. 대부분 90분이라는 시간을 맞추기도 하지만 수업에 따라 조금씩 차이는 있다. 요즘은 유치원이나 어린이집을 가장한 학원 형태의 교육으로 분위기가 경직되어 있는 경우가 많다. 나는 마음이 편안해지는 곳과 서로 친하게 지내는 것을 중요하게 생각한다. 아이들은 편한 친구 관계일 때 마음을 쉽게 풀어놓는다. 그래야 유대감과 공감력을 바탕으로 아이들의 생각을 마음껏 펼칠 수 있는 공간이 형성된다. 그래서 이곳에 보내는 어머니들은 이 시간만큼은 꼭 지키려고 애쓴다. 급한 일을 보더라도 황급히 돌아와 수업하게 한다. 90분이라는 시간은 아이들의 마음을 열어주어 생각이 탄생하는 순간으로 데려다준다. 엄마의 열의와 사랑은 항상 아이들을 설레게 하고 행복을 주기에 충분하다. 엄마와 교사가 신뢰라는 끈으로 맺어지면 아이들은 미술이라는 세계로 용기 있게 한발을 들여놓게 된다.

내 아이의 피드백 항아리

오후 3시, 유치원 수업을 마친 아이들에게 미술 수업을 시작하는 시간이다. 벌써 계단에서 우당탕 소리가 들려온다. 여섯 살 개구쟁이 남자아이들이 뛰어 올라온다. 마치 거북이와 토끼의 경주라도 하듯이 치열하게 도착점에 골인한다. 손을 씻고 물 한 잔 마시고 자리에 앉는다. 오늘 수업 주제에 대해 아이들에게 말한다. 주제는 '걸리버와 즐거운 여행하기'다.

나는 먼저 그림이 잘 표현될 수 있도록 충분히 얘기를 나눈다. 아이들은 즐거움을 느낄 수 있는 색과 표정, 인물의 특징 등에 대해 구체적으로 생각하고 그리기 시작한다. 대부분 그림을 그린 뒤 제목과 날짜를 뒷장에 쓴다. 그런데 준민이는 골똘히 고민하는 눈치다. 슬쩍슬쩍 살펴보는데 준민이가 그린 그림 뒷장에는 제목이 보이지 않는다.

그림이 완성된 후 서로의 그림에 대해 간단하게 발표하는 시간을 갖는 것은 아이들에게 최대한 '질문과 발표'의 기회를 주기 위해서다. 처음에는 쑥스럽고 부끄러워 발표하는 것을 쭈뼛쭈뼛하던 아이들도 지금은 서로 나가려고 아우성친다. 그날 준민이는 그림만 보여주고 들어갔다. 그러고도 한참 동안 준민이는 그림에 제목을 달지 않았다.

'꼭 제목을 달 이유는 없으니까. 아마 아이만의 이유가 있지 않을까?' 하고 생각했다. 사실 준민이 어머니도 준민이의 행동에 우리 아이만 왜 그럴까 궁금하다고 하셨지만, 어머니에게는 걱정할 것은 아니라고, 나 역시 내심 궁금하지만 격려하며 기다려보자고 했다.

드디어 5개월 만에 준민이가 그림을 그리고 연필로 또박또박 제목을 써 내려갔다. 보통 아이들은 주제에 대해 간단한 제목을 다는 경우가 많다. 비 오는 그림을 그리면 '비', '비와 우산' 등의 제목을 다는데 준민이는 이런 제목을 달았다. '바람이 비와 친구가 되어 날아간 날.'

오랜 침묵을 깨고 준민이가 감성 가득 담긴 자신만의 제목을 써 내려가는 모습에 가슴이 울컥했다.

"준민아, 어쩜 이렇게 멋진 제목을 달았니? 정말 대단한걸."

"선생님, 사실은 제목을 쓰고 싶지만, 글자가 생각이 잘 안 나서 못 썼어요. 그런데 친구들과 선생님도 아무 말 안 하고 기다려줘서 너무 좋았어요. 이젠 제목을 쓸 수 있어요."

수업이 끝나고 준민이 어머니에게 아이의 그림과 뒷장에 삐뚤빼뚤 쓴 제목을 보여주었다. 어머니의 눈가가 촉촉해지더니 "선생님 말씀처럼 기다려주길 잘한 것 같아요. 형과는 성향이 너무 달라서 가끔 당황스러웠는데 준민이의 속도와 방식대로 공감하며 키워야 하는 게 맞나 봐요. 감사합니다."라고 말했다.

아이를 키운다는 것은 정원사와 같다는 생각이 든다. 꽃들이나 나무가 어우러져 아름다움과 향기를 선물하지만, 나무도 때에 맞게 돌봐주어야 하고, 꽃마다 개화기가 달라 각기 다른 특성에 맞게 섬세한 손길로 돌봐줘야 하듯이 아이들의 모습, 성향, 재능 모두가 다르다. 부모라는 정원사의 사랑 어린 양육은 아이들에게는 절대적으로 필요한 영양소와 같다. 마치 도자기가 뜨거운 가마속에서 구워지듯이 기다림 총량의 법칙이 필요했던 것은 아닐까?

나를 만드는 피드백 항아리를 검은 도화지 위에 흰 펜으로 그림을 그렸다.

우리에게는 각자의 피드백 항아리가 있다. 인내, 실패, 격려, 기다림, 성취, 시간, 교육, 말, 칭찬, 질문, 도전, 사랑, 스킨십, 용기 등의 수많은 피드백이 채워지고 비워내기를 반복한 후에야 비로소 한 단계씩 성숙해나갈 수 있다. 내 아이의 피드백 항아리는 잘 있는가? 일단 먼저 부모의 피드백 항아리는 얼마나 준비되어 있을까 돌아보길 바란다. 준민이 어머니와 얼마 전 거리에서 우연히 마주쳤다. 늘 밝고 긍정적인 어머니가 한달음에 다가와 인사를 건넸다.

"선생님, 너무 감사해요. 아이가 너무 잘 성장했어요. 지금 벌써 중학생이 되었어요. 어릴 때 홈스쿨 미술 하기를 너무 잘했다고 무뚝뚝한 남편도 가끔 제게 칭찬해요."

이럴 때 참 기쁘다. 오늘은 내 피드백 항아리에 칭찬이 차오른다.

나랑 같이할래?

일곱 살 아이들과 요리 수업에서 쿠키 만들기를 했다. 아이들에게 쿠키 반죽을 각각 나눠주면, 자신이 만들 쿠키 모양을 구상하고, 모양을 만들어 오븐에 차례대로 구운 후 쿠키 상자에 넣어 집으로 가지고 간다. 요리 수업하는 날은 아이들의 기분이 고조되어 분위기도 덩달아 들썩들썩한다.

시우와 하은이가 요리 수업을 함께 받던 날, 시우 옆에는 하은이가 있었다. 그런데 시우가 쿠키 반죽을 실수로 바닥에 떨어뜨렸다. 울상이 된 시우는 속상해서 눈물을 뚝뚝 흘렸다. 이를 보던 하은이가 "시우야, 지금 네 기분이 어떤지 알 것 같아. 내가 쿠키 반죽을 나눠줄게. 나랑 같이할래?"라고 말하자, 시우는 울음을 그치며 고개를 끄덕였다. 하은이가 자기 반죽 절반을 뚝 잘라서 시우에게 건넸다. "고마워, 하은아! 내 마음을 알아줘서. 내 초코칩도 나눠줄게." 하며 시우가 하은이에게 초코칩을 주었다. "와, 시우야, 내가 초코칩을 좋아하는 걸 어떻게 알았어? 고마워, 시우야."라며 시우와 하은이는 쿠키 수업을 이어나갔다.

시우와 하은이가 반죽이 떨어졌을 때 그 상황을 어떻게 해결하는지 궁금해서 지켜보았다. 아이들의 모습을 보며 내 마음도 따뜻해졌다. 보통 "선생님, 반죽이 떨어졌어요. 반죽 다시 주세요."라는 말이 돌아왔을 텐데 시우와 하은이는 둘이서 문제의 상황을 서로 공감하며, 자신만의 방법으로 지혜롭게 해결해나가는 모습이 대견했다.

"시우랑 하은아, 둘이 서로 배려해주는 모습이 아주 보기 좋은걸. 선생님이 맛있는 쿠키 반죽을 특별히 더 줄게. 부지런히 수제 쿠키를 만들어보렴."

아이들은 신이 나서 쿠키 반죽을 주무르며 깔깔깔 웃음을 그칠 줄 몰랐다. 쿠키 한입의 우정이 담긴 수업을 보면서 '빨리 가려면 혼자 가고, 멀리 가려면 함께 가라'는 아프리카 속담이 자꾸 떠오르는 건 왜일까? 아이들이 이 평범하지만 소중한 원리를 깨닫기를 바라는 마음이 간절하기 때문일 것이다. 시우와 하은이처럼 앞으로도 미술 수업이 아이들의 마음과 마음이 연결되는 공감의 다리의 역할을 할 수 있으면 좋겠다.

부모와 아이, 교사의 공감이 연주되는 삼중주

우리는 아이의 행복을 꿈꾼다. 차곡차곡 쌓여서 삶이 풍요로워지기를, 어린 시절을 아름답게 만들어주기를 바란다. 이 모든 과정은 정서적 텃밭이 잘 만들어질 때 가능하다. 미술은 서로 다른 아이들 사이에서 교집합을 만들어내는 과정이기도 하다. 다른 관심사를 가진 아이들이 공동 작업을 통해 이타적인 마음을 기르고 배려심을 가르치기에 미술만큼 좋은 게 없다. 공감은 서로를 인식하고 반응할 때 눈사람처럼 커진다. 아이와 아이 사이는 물론 아이와 교사 사이, 아이와 부모 사이로 확장될 수 있다.

준민이의 경우에도 미술 수업하는 동안 함께 수업을 들었던 친구들이 아마 준민이의 감정을 이해하고 공감한 것이 분명하다. 누구 하나 "너는 왜 제목을 안 쓰는 거야?", "준민이 너 글씨 쓸 줄 몰라?"라고 채근하는 친구가 없었다. 또 쿠키 수업에서 하은이는 처음부터 배려심이 넘치는 아이는 아니었다. 친구들과 관계 맺는 것에 서툰 데다, 수줍음이 많던 하은이는 몇 달 동안 친구들에게 말을 잘 걸지 않았다. 우연히 함께 수업하던 친구가 하은이를 도와준 일을 계기로 마음을 열었고, 다른 친구들과 유대감이 형성되면서 차츰차츰 배려하기 시작했다.

미술은 '교사, 아이, 부모'의 삼중주와 같다. 어느 악기 하나 자신만을 뽐내고자 독주를 고집하지 않듯이, 서로의 소리에 귀 기울이고 존중하며 믿어줄 때 유대감이 형성되고 아름다운 연주를 할 수 있다. 아이들에게 유대감과 공감력의 날개를 달아주는 길은 내가 먼저 공감하는 것이다.

2장

다양하게 만나고 즐기는 미술의 세계

호기심을 깨우치는 명화와 놀자

생각의 틀을 깬 화가

나는 아이들과 명화를 감상하고 따라 그리는 수업을 빼놓지 않는다. 명화는 동서양의 미술사조를 알 수 있을 뿐 아니라, 시대마다 중요한 미술사조를 조명할 수 있어 미술의 역사를 배울 수 있는 좋은 통로가 되기 때문이다. 또한 감성의 산물인 예술을 한 걸음 다가가서 온몸으로 느낄 기회를 선물한다. 단순히 눈으로 감상하는 데 머무르는 것이 아니라 작품을 통해 작가의 정신을 읽고 교감할 수 있다. 내가 명화 수업을 하는 또 다른 이유는 어릴 적부터 명화를 접한다면 아이들에게 예술이 자연스럽게 스며들 것으로 생각했기 때문이다. 그래서 내가 하는 미술 수업에서도 매달 한 화가를 선정해서 수업한다.

주세페 아르침볼도(Giuseppe Arcimboldo)는 16세기 이탈리아의 화가이다. 그는 기존 생각의 틀을 깬 괴기한 환상을 비롯해 과일,

채소, 책, 새 등의 소재로 얼굴을 형상화한 인상적인 화가로 유명하다. 나는 아이들에게 그의 작품 중 〈봄〉, 〈여름〉, 〈가을〉, 〈겨울〉을 보여주고 아이들에게도 각자 나름대로 느낀 사계절을 표현하도록 했다.

아르침볼도가 물체로 사람의 얼굴을 그리고, 이를 활용해 다양한 나이와 성질을 지닌 사계절을 표현한 것이 무엇보다 아이들에게 흥미를 불러일으키리라 생각했기 때문이다. 아르침볼도가 표현한 봄은 다양한 꽃과 선명한 잎들로 화사한 인간의 얼굴로 젊음이 넘쳐나고, 여름은 탐스러운 과일들로 가득 채워 즐거운 웃음을 짓게 한다. 가을은 호박과 포도나무 덩굴로 만든 세상에서 하나뿐인 멋진 왕관을 쓰고 풍성한 나이 듦을 즐기는 듯하며, 겨울은 투박한 뿌리의 거친 살이 드러나 우울한 노인의 얼굴을 보는 듯하다. 조금은 기이하나, 마법 같은 작품을 통해 아이들은 특이한 화법으로 흥미 있게 명화를 만나볼 수 있다.

아르침볼도의 작품을 아이들에게 보여줬을 때 아이들은 "선생님, 사람 얼굴을 온통 꽃이나 과일로 꾸밀 수 있다는 게 무척 신기해요." "제가 만약 저 화가를 만난다면 왜 이렇게 다양한 재료를 이용해서 작품을 만들었는지 그 이유를 물어볼 거예요." "여름 작품에서 여름은 누구를 향해 웃고 있는 것만 같아요." "저는 가을을 표현한 작품이 아주 마음에 들어요. 포도 왕관을 쓴 모습이 재미있어요. 저도 포도 왕관을 써보고 싶어요." "선생님, 저는 겨울 작품을 보니까 영화에서 본 이상한 괴물이 생각났어요." 하며 다양한 반응을 보였다. 아이들에게 미술 작품은 그림 자체로만 다가가지 않는다. 그림을 넘어 그 그림을 그린 생각의 틀, 발상의 전환 그 너머까지 전달해준다는 것을 알 수 있다.

놀이터에서 다시 만난 아르침볼도

주세페 아르침볼도의 명화 수업이 있고 얼마 뒤 아들과 집 앞 놀이터에 갔을 때의 일이다. 낮은 철봉에 매달린 일곱 살 아들이 이렇게 말했다.

"엄마, 주세페 아르침볼도의 '겨울' 같아요."

아들의 말에 놀이터 마당을 쳐다보니 오래된 고목나무가 눈에 들어왔다. 아들은 철봉에 매달려 거꾸로 하늘을 올려다보다가 뒤집힌 나무 모양에서 얼마 전 명화 수업에서 본 아르침볼도의 겨울을 떠올렸으리라.

"아~ 그래? 아들, 정말 근사한 생각이구나. 아르침볼도의 겨울이 보이니?"

놀이터 앞 오래된 고목나무를 보고 주세페 아르침볼도를 불러올 생각을 했다니 너무나 기특했다. 명화가 익숙지 않은 사람들은 미술관이나 박물관에 가는 게 쉽지 않다. 하지만 아이들은 다르다. 그림이 친구가 되고 일상이 되면 아이들은 그 자체로 즐기게 된다.

노력하는 사람은 즐기는 사람을 이길 수 없다고도 하지 않는가?

행복한 호기심을 자극하는 데 그림만큼 좋은 소재는 없다. 아이들의 행복한 호기심을 자극해주자!

주세페 아르침볼도, 〈겨울〉.

아들의 말이 인상 깊어 그 장면을 기억하고 싶어서 검은 도화지 위에 흰 펜으로 그림을 그렸다.

역사가 되는 그림

우리나라 사람치고 이중섭 화가를 모르는 사람은 아마 없을 것이다. 그만큼 우리나라 근대의 대표적인 화가이자 천재 화가로 대중적으로 많이 알려진 한 사람이다. 주요 작품으로는 〈황소〉를 비롯한 소를 활용한 여러 작품과 〈도원〉, 〈길 떠나는 가족〉, 〈달과 까마귀〉, 〈바닷가의 아이들〉, 〈서귀포의 환상〉 등이 있다. 이중섭은 가족에 대한 그리움을 소에 투영해 그림에 담았고, 본인의 여러 작품에 나라를 잃은 우리 민족의 분노와 저항 정신을 담고자 했다.

이중섭은 살아생전 행복과 평화가 넘치는 땅을 그리워했다고 하는데, 아마도 어려운 식민지 시절을 보내고 여러 차례 전쟁을 겪은 까닭일 것이다. 조국의 광복을 그리는 간절한 마음을 담아 자기가 꿈꾸는 세상을 그림으로 표현했다.

이중섭 하면 '소'와 더불어 또 하나 떠오르는 특징이 있다. 바로 은지화, '은박지 그림'이다. 이중섭은 담뱃갑 속에 든 알루미늄 종이에 그림을 그렸다. 겨우 손바닥만 한 면적의 은종이를 펴서 송곳이나 못과 같은 뾰족한 것으로 긁고 새겨서 그림을 그린 뒤 그 위에 물감을 칠하고 천으로 닦아내면 독특한 느낌의 그림이 완성된다. 도자기나 구리 혹은 청동의 겉을 긁어서 은실을 집어넣는 기법과 비슷한 것으로, 우리나라의 옛 미술품 중 재미난 표현을 찾아 자기만의 표현 기법으로 새롭게 만든 것이다.

은지화의 탄생은 한국전쟁 때 제주도로 피난 온 이중섭이 종이가 없어서 양담배를 싼 은종이에 그림을 그린 데서 시작됐다고 한다. 1950~1952년 무렵에 그린 〈신문을 보는 사람들〉, 〈낙원의 가족〉, 〈복숭아밭에서 노는 아이들〉은 한국 미술품 가운데 최초로 미국 뉴욕의 현대미술관에 소장되기도 했다. 그의 작품은 현대적인 재료와 독특한 기법으로 한국인의 정서를 잘 표현했다는 찬사를 받았다.

이중섭의 그림을 가지고 놀다

이중섭 화가를 주제로 한 첫 번째 미술 수업에서 나는 아이들에게 은종이 그림 중 〈신문을 보는 사람들〉을 먼저 보여주었다. 그러고는 아이들에게 아무런 사전 정보 없이 "어떤 재료로 그림을 그렸을까?" 질문했다. 아이들은 그림을 한참 동안 들여다보더니 "구겨지는 종이에다 그린 거 같아요." "철판 위에 그린 것이 아닐까요?" 등 저마다 나름대로 추측해보았다. 나는 아이들에게 이 그림 종이는 은종이라고 설명해준 뒤 "이중섭은 왜 은종이에 그림을 그렸을까?"라고 물었다. 아이들은 또 나름대로 추리를 해나가기 시작했다. "반짝반짝 빛나는 종이가 좋아서요." "버려지는 종이가 아까우니까요." "재미있는 그림을 그리고 싶어서요." 등 아이들마다 다양한 대답이 나왔다.

나는 아이들에게 우리도 이중섭 화가를 따라 해보자고 한 뒤 이중섭이 그렸던 정사각형의 손바닥만 한 종이를 나누어주었다. 그러고는 흰색 크레파스로 그 위에 그림을 그려보라고 한 뒤 연필로 크레파스 위에 칠해보라고 했다. 그러자 잘 보이지 않았던 그림 속에 형태가 자세히 나타났다. 아이들과 나는 이것을 '비밀 그림'이라고 불렀다. 나는 이중섭을 주제로 한 체험 수업을 2단계에 걸쳐서 진행했다. 이유는 재료의 구성에 따라 과정에서 느끼는 감정을 느껴보고 다양한 경험을 하기 위해서였다.

다음 단계로는 '은박지 그림'으로 넘어갔다. A4 크기의 포일지(Foil Paper, 금, 알루미늄 따위의 금속을 얇게 펴 만든 종이) 위에 뾰족한 못이

나 도구로 그림을 스케치한다. 스케치를 마친 후 그 위에 진한 색의 물감을 바른다. 진한 물감이 마르기 전에 닦아내면 선이 진하게 물든 그림이 된다. 천이나 휴지로 닦아내면 긁힌 부분에 물감이 끼어서 선명한 선이 도드라지게 나타난다. 이런 그림 방법을 '선각화'라고 한다.

아이들과 수업을 마무리하기 전에 나는 이중섭의 생애와 작품 그리고 그가 은박지에 그림을 그리게 된 사연을 이야기해주었다. 그런 뒤 은박지 그림을 그린 소감을 물어보았다. 아이들은 전쟁과 가난에도 접을 수 없었던 예술의 꽃을 피운 화가의 일화를 전해 듣고는 저마다 다른 상상의 세계로 빠져든 듯했다. 어느 아이는 이중섭이 가족과 함께 살던 생가와 미술관이 제주도 서귀포에 있다는 말에 가족들과 꼭 가보고 싶다고 말하기도 했다.

미술관에 간 아이

이중섭 명화 수업을 마치고 몇 달 뒤, 영찬이는 가족과 제주도 여행을 가서 '이중섭미술관'에 다녀왔다며 나에게 미술관 이야기를 들려주었다.

"선생님, 이중섭 아저씨 정말 멋진 화가예요. 이중섭 아저씨가 전쟁을 피해서 서귀로포 갔대요. 그리고 그곳에서 가족들과 평화를 누렸다고 들었어요. 직접 가서 살던 집이랑 그림들을 보니까 금방이라도 이중섭 아저씨가 나타날 것만 같았어요! 이중섭 거리도

갔는데 엄마, 아빠와 걸었더니 제가 화가가 된 느낌이 들었어요."

"와, 진짜 영찬이 정말 좋은 경험을 했구나. 영찬이의 생생한 미술관 체험을 듣는 동안 선생님도 이야기 속으로 빠져들어 가는 느낌이었어."

영찬이는 생생한 기억을 되새기며, 미술 수업 시간에 들었던 내용을 부모님에게 직접 설명했다고 신이 나서 말했다. 부모님도 모르는 작품 제목들을 척척 말하는 아이를 보고 많이 놀랐고, 대견스러워했다고 한다. 아이들은 현재진행형으로 자란다. 미술관 체험은 아이들에게 매우 좋은 자극제가 되어준다. 이중섭이든 인상파 화가든 장르에 상관없이 아이와 전시회 문을 열고 함께 감상의 세계로 들어가기를 추천한다.

상상력을 자극하는 자연 미술

요술쟁이 같은 자연과 친구가 되는 시간

미술 재료는 참 무궁무진하다. 동네 주변 공원을 거닐거나 숲 속 나들이를 가기만 해도 가공하지 않은 날것의 재료들이 여기저기 쏟아진다. 솔방울, 도토리, 나뭇가지, 돌멩이, 흙, 나뭇잎, 열매 등 계절마다 다양한 자연물들로 가득하다. 내가 운영하는 뽀르파트재 미술 수업은 자연 속에서 맘껏 뛰놀고, 자연물을 재료로 만들기를 하는 수업을 무엇보다 중요시한다. 자연이야말로 지속 가능한 미술 재료가 되어주면서 아이들에게 영감과 상상력을 자극하는 소재가 되는 까닭이다. 미술 재료는 수많은 종류가 있지만 그중에서도 자연물 재료는 규격화되지 않아 재미있고, 투박하지만 무엇으로든 변신하는 재미가 있다. 그래서 우리 미술 수업의 아이들은 자연 미술, 에코 미술을 하는 시간을 좋아한다. 자연과 친구 되는 시간이 좋아서 늘 이 수업 시간을 기다린다.

나 또한 아이들을 위한 미술 수업 준비를 하다 보니 365일 어디를 가든, 어느 시간이든, 미술 재료와 소재가 머릿속에서 떠나지 않는다. 바닷가에 가면 조개껍데기나 소라 등이 눈에 들어오고, 단감을 먹다가도 씨를 모아 보관해둔다. 예쁜 꽃을 선물 받으면 꽃을 곱게 말리거나 잎을 따서 압화를 만든다. 도토리, 잣, 돌멩이 하나까지 그냥 버리는 일이 없다. 그러면 어느새 미술 재료들로 가득 차게 된다. 이렇게 발품을 팔아 모은 자연의 재료들은 깨끗하게 손질한 뒤 햇빛에 말려 사용한다. 또 필요한 재료들은 미리미리 한꺼번에 구매해서 보관해둔다. 어느 때든 꺼내 쓸 수 있도록 말이다.

내가 모르는 내 표정, 내가 아는 친구의 표정

나는 아이들과 신학기에 하는 수업이 있다. 아이들에게 '나의 소중한, 나를 소개하는' 등 '나뭇조각으로 만든 내 얼굴' 같은 주제를 정해준 뒤 자연물을 이용한 수업을 하는 것이다. 이 수업은 신학기, 새로운 친구와 새로운 선생님, 새로운 공간에서 출발해야 하는 아이들에게 '나'를 먼저 알고 새로운 환경으로 나아갈 수 있도록 도와주는 역할을 해준다. 먼저 나를 알기 위한 수업은 표정 이야기로 시작된다.

"얘들아, 우리 얼굴에 어떤 표정이 있을까? 표정이란 무엇일까?"

그러고는 나 자신 또는 친구들이 어떤 일을 했을 때 짓는 특이하고도 특별한 표정에 관해 이야기해보자고 권한다. 표정은 사람의 얼굴 모습뿐 아니라 기분이나 마음을 표현한다는 것도 이야기해준다.

“선생님, 친구가 방귀를 뀌어서 깔깔 웃는 표정이 생각나요.”

“엄마한테 혼나서 화가 잔뜩 난 표정을 지었어요.”

“아빠가 늦게 퇴근해서 저랑 못 놀아줄 땐 너무 슬퍼서 공기 빠진 쭈글쭈글한 풍선 같은 표정을 했어요.”

“아플 때는 찌그러진 냄비 같아질 때가 있어요.”

“그렇구나. 표정은 정말 다양하지. 자, 그럼 각자 책상 앞에 있는 거울로 자기 얼굴을 보겠니? 거울 속 내 얼굴에서 눈썹, 눈, 코, 입술 모양을 잘 관찰해보자.”

내 말에 아이들은 거울을 좌우, 위아래로 살피며 친구의 표정을 서로 관찰하는 시간을 가졌다.

“기분이 아주 좋을 땐 어떤 표정을 지을까? 화가 나면? 무서울 때? 슬플 때는?”

내 질문에 아이들은 거울을 보면서 다양한 표정을 지으며 자기 얼굴과 친구들의 얼굴을 살펴보았다. 그러자 예은이가 말했다.

“선생님, 제 얼굴을 보니까 너무 재미있어요. 그런데 찡그리니까 얼굴이 너무 못생겨 보여요.”

“아, 예은이는 거울 속 얼굴을 보고 그런 생각이 들었니? 어떤 표정이 가장 마음에 드니?”

“선생님, 저는 웃는 얼굴이 제일 마음에 들어요. 음~ 엄마는 제가 웃을 때 꽃처럼 예쁘대요.”

이렇게 아이들과 충분한 이야기를 하고 나서 지름과 두께가 다양한 원형의 나뭇 조각, 반원, Y형, 대롱형, 잔가지 등을 주재료로 본인의 얼굴을 꾸미는 작업을 시작했다. 아이들은 둥글납작한 원형의 나뭇 조각에 구슬이나 나뭇가지, 풀 등을 붙여서 각자 얼굴을 완성했다. 작품을 완성한 후 서로의 작품을 감상하는 시간을 가졌는데, 신기하게도 아이들의 작품 속 얼굴은 아이들과 닮아 있었다.

꿈꾸는 어린 화가들을 위한 갤러리

뭐니 뭐니 해도 아이들의 자기효능감과 자신감을 높이는 데는 전시회만 한 것이 없다. 대단한 화가들만 전시회를 하라는 법은 없기에 나는 미술 수업의 연장선으로 아이들 작품을 2~3주간 전시한다. 이름하여 '꿈꾸는 어린 화가들을 위한 갤러리'다. 이때는 모든 아이의 작품을 하나도 빠짐없이 게시한다.

한번은 아이들이 자연에 대해 그린 작품들을 전시했다. 작품 옆에 아이의 이름과 작품명도 함께 적어놓았다. 아이들은 자기 작품이 걸린 벽면을 바라보면서 매우 뿌듯한 표정을 지으며 수업 후 데리러 온 엄마 손을 잡고 자기 작품을 가리키며 자랑한다. 하루는 한 어머니에게 전화가 왔다.

"선생님, 예은이 꿈이 화가가 되는 거래요. 이전까지 꿈이 없었는데 미술 수업을 다니더니 꿈이 생겼대요. 감사합니다."

"어머니, 너무 잘되었네요. 예은이가 미술 시간에 집중도 잘하고, 자기만의 표현력과 상상력이 참 풍부해요. 자기 작품에 대한 애정도 참 크고요. 예은이와 꿈에 관해 이야기해볼게요."

예은이와 수업이 있는 날, 나는 꿈에 관해 물어보았다. 예은이는 "선생님, 저도 여러 이야기가 담긴 그림을 많이 그려서 멋진 곳에서 전시회를 여는 화가가 되고 싶어요."라고 했다. 내가 화가가 되고 싶은 이유가 있느냐고 묻자 예은이는 이렇게 대답했다.

"그림을 그릴 때면 마음이 편하고 너무 행복해요. 화가가 되면 그림을 마음껏 그릴 수 있으니까요. 선생님도 꼭 초청할게요."

"선생님도 예은이를 늘 응원할게. 넌 멋진 화가가 될 수 있을 거야. 꼭 꽃다발 들고 너의 전시회에 갈게."

6~7세 아이들이 나뭇조각으로 만든 자신의 얼굴

자연은 행복한 놀이터다. 아이들은 자연이 만든 멋진 우주 속에서 자유롭게 자연과 예술과 친구가 된다. 자연 미술은 예술적 감성을 키워줄 뿐 아니라 몸과 마음, 생각을 키워준다.

아주 작지만 큰 시작

우리는 매 순간 감각적인 경험을 한다. 마음만 먹으면 일상의 사소한 순간도 오감을 활짝 열고 온몸으로 느낄 수 있다. 일상에서 맛을 보고, 냄새를 맡고, 바람을 느끼고, 보고, 듣는다. 우리가 사는 모든 환경이 그림이 되고, 일상은 미적 감각을 키워줄 재료로 가득하다. 그래서 재료의 선택도, 환경도 그만큼 중요하다. 아이들에게 앞으로 살아가면서 만날 세상은 그냥 주어지지 않고, 누군가가 한 노력의 산물임을 가르쳐줘야 한다. 그 주체가 아이들 자신임을 알아야 한다. 그래서 나는 자연 미술을 통해 자연을 사랑하고, 환경을 지킬 수 있는 기회를 주고자 자연 미술 수업을 한다. 돌멩이 하나, 나뭇잎 한 장, 솔방울 하나가 아주 작지만, 자연의 소중함을 느끼는 데 큰 시작점이 될 것이다. 지금부터 아이들에게 미술로 충만한 환경을 만들어주자.

미술을 통한 '지구 살리기 대작전'

아이들은 세상에서 가장 순수한 눈을 지녔다. 그래서 아이들의 반짝이는 눈에는 오랫동안 관찰하고, 별나게 생각하는 신기한 능력이 있다. 아이들과 자연에 감사하고, 자연을 지키기 위해 '지구

살리기 대작전'이라는 특별한 중요 임무를 가지고 미술 수업을 진행했다. 먼저 환경을 지키는 노력을 하기 위해 미술 수업에서 어떤 재료를 사용하면 좋을까에 대해 아이들과 이야기 나눴다. 아이들에게 에코(Eco)에 관한 질문을 하고 환경, 생태와 관련된 단어라는 것을 알려주었다. 환경이 소중한 이유, 우리가 환경을 지킬 수 있는 작은 실천들에 대해 확장하여 이야기를 나누었다. 그리고 오늘의 미술 수업은 천으로 만들어가는 '조잘조잘 에코 수업'이라는 말에 아이들은 어느새 활기로 넘쳤다.

수많은 재료 중에서 굳이 패브릭(Fabric)을 고른 이유는 편안함 때문이다. 아이들이 주변에서 늘 만나는 소재 중 하나인 패브릭은 자연이 주는 편안함을 잘 표현하는 소재다. 패브릭 수업으로 할 수 있는 세 가지 에코 미술 3종 세트인 '에코백과 에코 쿠션, 에코 슬리퍼'를 소개하고, 이 중에서 가장 하고 싶은 것을 하나씩 선택하여 수업을 진행했다.

아이들이 골라온 천에 파스텔, 마커, 염색 물감 등을 이용해서 예쁘게 채색하고 꾸미기 시작했다. 쿠션에 아이들이 그림을 그리면 오랫동안 간직할 수도 있고 선물할 수도 있다. 무엇보다 세상에 하나뿐인 쿠션이라는 것이 가장 특별하다.

"지금 앞에 놓인 쿠션은 어떤 재료로 만들어졌을까? 손으로 만져보고, 느낌도 말해보겠니?"

"너무 포근하고 부드러워요."

"선생님, 가슴에 안고 있으니까 따뜻한 느낌이 들어요."

재료의 성질, 촉감 등을 느껴본 뒤 쿠션에 각자 그림을 그리기 시작했다.

"선생님, 제 쿠션에는 미래에 살고 싶은 집을 그렸어요."

아이들 그림 속에는 저마다 이야기가 담겨 있다. 어떤 그림 하나도 허투루 지나칠 수 없는 이유이기도 하다. 오늘도 패브릭이 도화지가 되어 아이들의 그림 속에 꿈들이 뭉게뭉게 피어오른다.

초등학교 1~3학년이 만든 패브릭 쿠션

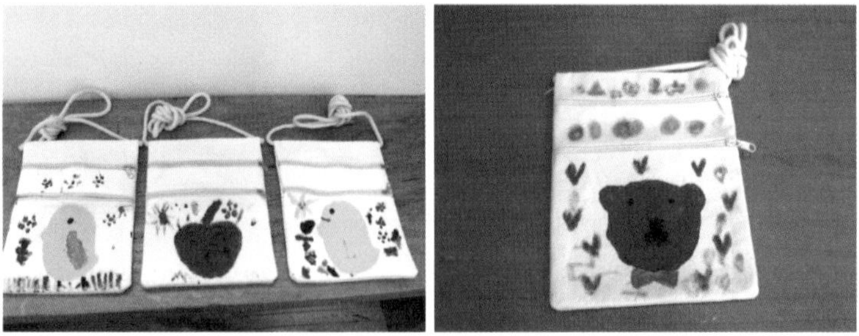

5~7세 아이들이 만든 에코백

자연은 가장 아름다운 미술관

아이들은 자연을 통해 많은 것을 배운다. 나무가 모여 숲을 이루고 철마다 변하는 나뭇잎의 아름다운 색, 각기 다른 나뭇잎, 수많은 곤충과 생명체들, 꽃과 열매들, 키가 다른 나무들 등 자연이 그린 그림은 찾고 찾아도 끝이 없다. 자연의 풍성한 모양과 색깔은 아이들에게 미술적 감성을 불러일으키기에 가장 아름다운 미술관이다. 자연 속의 보물들을 찾아가는 아이들에게는 볼거리, 만들 거리들이 무궁무진하다. 때론 교사가, 때론 부모가 관찰자 시점으로 아이들의 머릿속을 헤엄치는 생각 물고기들이 자유롭게 헤엄치며 여행할 수 있도록 날개를 달아주자. 아이들에게 햇빛, 물, 나무, 바람, 새소리들을 온몸으로 느낄 수 있게 그냥 놔두자. 아이들의 눈길이 자연에 머물 때 아이들은 자연과 친구가 될 것이다.

재활용품의 재탄생과 환경 보호

마법 같은 새로운 작품

우리 주변에서는 재활용품들을 쉽게 접할 수 있다. 그만큼 다양한 '재활용이 되는 폐품을 이용한 만들기' 수업을 진행할 수 있다. 종이상자, 빈 병, 플라스틱 용품, 유리병, 신문, 캔 등은 조금만 생각을 달리하면 멋진 소품으로 탈바꿈할 수 있다. 창의적이고 재미있는 아이디어로 마법 처럼 새로운 작품이 탄생한다. 재활용품의 변화는 무궁무진하다.

아이들의 생각은 저마다 다르기에 독창성이 뿜어져 나올 수 있고, 버려지는 재료에 대해 소중함을 한 번 더 생각할 수 있다. 어떤 아이는 신문지로 모자를 만든다면, 어떤 아이는 신문지로 꽃다발을 만든다. 어떤 시각을 가지고 보느냐에 따라서 재료의 용도가 매우 다양하다.

지구 지키기, 환경 보호, 동물 보호 등은 세계적으로 중요한 사회적 이슈다. 그러나 대부분 실천 방법을 잘 모른다. 그럴 땐 가장 쉬운 방법 중 하나인 분리수거를 추천한다. 아이와 함께 '재활용할 미술 재료 찾기'를 실천해보길 바란다. '재활용 보물 박스'를 만들어서 다시 활용하면 눈에 보이지 않는 가치와 소중함을 새록새록 경험할 것이다.

행복한 아이들의 정원엔 꿈이 피어난다

"15구, 흰색, 다 쓴 종이 달걀판 구합니다."

내가 하는 미술 수업은 한 달에 한 번씩 교육계획안을 작성하고, 재료들을 구매하고 준비한다. 이 과정에서 혼자 재료를 다 감당하기 힘든 경우는 지인에게 도움을 청하곤 했다. 남들은 해외직구다, 공구다, 사고 싶은 물건들을 구매한다지만 나는 일정의 개수를 제한된 시간 안에 모아야 할 경우가 종종 생긴다. 혼자서 모으기 역부족이면 부지런히 공구를 한다. 감사하게도 주변 지인들은 재료들을 잘 모아준다.

하나를 가르치면 열을 안다고 했던가? 바로 내 지인들을 일컫는 말이다. 한번은 지인이 단추 한 통을 가득 모아서 주었고, 한번은 뽀르파트재 미술 전시회를 다녀간 학부모의 지인이 톱밥을 보내주었다. 때때로 생각지도 못한 것들이 풍성한 미술 재료가 된다. 이렇게 모은 재료들은 바로 아이들으로 탄생한다.

그중 재활용 미술 수업의 백미를 꼽는다면 바로 '달걀판 정원'

수업이다. 작은 공간을 매우 유용하게 구상하여 달걀판을 흙으로 덮고 작은 돌로 꾸며준다. 그렇게 나만의 정원을 만들어 마치 봄에 땅을 갈듯 흙을 다진다. 비록 작은 달걀판이지만 농부가 씨를 뿌리는 마음으로 흙을 덮고 다진다. 이때 아이들은 코로는 흙냄새를, 손으로는 흙의 촉감을 느껴보고, 눈으로는 흙의 색깔을 살펴본다.

"달걀판 정원은 봄, 여름, 가을, 겨울 중에 어느 계절의 정원으로 표현하면 좋을까?"

나는 초등학교 저학년과 수업하면서 각자 좋아하는 계절을 달걀판 정원에 표현해보기로 했다. 그러자 태영이가 대답했다.

"선생님, 제 정원에는 겨울을 표현할 거예요. 눈사람도 필요해요."

"아, 그래? 태영이는 겨울 정원을 표현하고 싶은 이유가 있니?"

"저는 겨울이 너무 좋아요. 눈 내린 정원은 멋있잖아요."

정아는 "저는 여름 정원이 너무 좋을 거 같아요. 예쁜 꽃도 표현하고, 나무들의 열매를 그려주고 싶어요."라고 했다.

"정아는 어떤 나무를 표현해보고 싶은 거야?"

"선생님, 저는 과일나무가 너무 좋아요. 맛있는 과일을 먹을 수 있으니까요."

아이들의 작품을 보다 보니 서준이의 흙만 담겨 있는 달걀판이 눈에 띄었다.

"서준이의 달걀판엔 흙이 가득 담겨 있네. 시간이 모자랐니?"

"아니에요. 선생님 제 정원에는 씨를 뿌려놓았어요. 흙 속에서 잠자고 있는 씨앗이 자라나길 기다리는 중이에요."

“아~ 그렇구나. 어떤 새싹이 나올지 기대되는구나.”

내가 하는 미술 수업에는 다양한 성향과 기질을 지닌 아이들이 온다. 때로는 주변 아이들과 어울리는 것을 힘들어하는 아이들도 있다. 공교육에서는 개인별 성향에 일일이 맞추기 힘든 부분을 미술 수업만큼은 아이마다 다름을 인정하고, 마음껏 펼칠 수 있는 장을 만들어주고자 노력하고 있다. 아이들은 저마다 부푼 소망을 지니고 점토와 나뭇잎과 오브제(Objet, 예술과 무관한 물건을 본래의 용도에서 분리하여 미술 작품에 사용함으로써 새로운 느낌을 일으키는 상징적 기능의 물체를 이르는 말)들로 나만의 정원을 완성했다. 정원의 이름도 만들어 팻말을 꽂아주었다.

비록 작은 달걀판 정원이지만 아이들은 설계사가 되고, 건축가가 되고, 정원사가 되고 미술가가 된다. 이렇듯 행복한 정원에는 아이들만의 꿈이 피어난다. 아이들에게 미술은 창의력과 자신감이라는 땅 위에 수많은 경험의 씨앗들을 퍼트리는 일이다. 아이마다 마음의 정원이 다르다. 정원에 먼저 씨를 뿌리는 아이가 있다면, 정원 주변을 먼저 예쁘게 꾸민 후에 씨를 뿌리는 아이도 있다. 아니면 그냥 나무만 심는 아이도 있을 것이다. 중요한 것은 ‘아이가 무엇을 할 때 행복한가?’이다.

달걀판 정원 수업이 끝나고 며칠 뒤 한 어머니가 전화를 주셨다. 수업한 뒤부터 아이가 재활용 용기를 스스로 정리하고 있다며 변화된 아이의 태도가 마냥 신기하다고 감사를 전했다. 아이들은 때론 풍선처럼 유연하다. 기다림이라는 공기를 넣어주면 예상치

못할 정도로 훨훨 부풀어 날아오르는 창의력과 호기심의 힘을 키울 것이다.

10세 아이가 만든 눈꽃 정원

재미난 박물관으로 놀러 오세요

재활용품 수업을 하면서 아이들은 한 가지 임무를 수행했다. 각자의 집에 미술 분류함을 세 개 이상 만들어놓고 쓰레기를 분류하기로 한 것이다. 그렇게 모은 재료들로 조형 작품을 한 가지 만들어 가지고 오기로 했다. 어떤 아이는 깡통으로 만든 로봇을 가져왔고, 신문지로 만든 물고기를 가져온 아이, 택배 상자를 이용해 자동차를 만들어 온 아이, CD를 이용해 인형을 만들어 온 아이 등 다양한 조형 작품들로 교실이 풍성했다. 어느새 교실이 아닌 재미난 박물관에 온 느낌이 들었다.

나는 수업 시간에 아이들에게 북극곰 영상을 보여주면서 기후 변화의 영향으로 바다의 얼음이 줄어들어 북극곰이 먹이 부족에 시달리는 내용과 소중한 동물들이 지구에서 사라지고 있다는 안타까운 이야기들을 나누었다. 환경 이야기를 하면서 쓰레기를 줄이는 행동, 플라스틱 사용하지 않는 행동들이 모이면 지구의 아픔도 줄어들 것이라고 설명했다. 그리고 아이들과 앞으로 우리가 살아갈 지구의 환경을 위해 작은 실천을 하기로 약속했다.

재활용품 활동

종이 박스의 재탄생 '공간 박스'

주변에서 쉽게 구할 수 있는 택배 상자로 공간 박스를 만들어보자.

준비물

아크릴물감, 붓, 택배 상자

방법

1. 검정 상자 양쪽에 구멍을 뚫고 손잡이 끈을 달아준다.
2. 얇은 붓으로 밑그림을 그려준다.
3. 아크릴물감을 이용해 가는 붓으로 자유롭게 그림을 그려 완성한다.

미술로 만나는 과학 실험

별난 미술 속 별난 과학

아이들은 놀면서 배운다. 미끄럼틀이나 눈썰매를 타면서 속도가 점점 빨라지는 가속도를 몸소 체험하고, 장수풍뎅이 애벌레를 키우면서 번데기로 변태하고 풍뎅이로 탄생하는 자연의 생태를 배운다. 또 종이비행기를 날리거나 수소 풍선을 하늘로 올려보내면서 과학의 원리를 쉽게 알아가기도 한다.

이처럼 아이들의 일상에서 한두 발짝만 더 들어가서 들여다보기만 해도 우리 주변의 많은 것들이 과학의 놀이터가 될 수 있다. 그리고 여기서 재미난 미술 수업으로 이어갈 수 있는 많은 갈래가 뻗어 나온다. 나는 아이들이 미술 수업에서 재미있는 과학적 체험을 경험하기를 원한다.

'일상에서 경험하는 과학적 발견들이 아이들에게 상상력과 창조력이라는 두 개의 날개를 달아줄 수 있다면 얼마나 좋을까?'라는 질문에서 시작한 것이 어느새 실험을 기대하고 즐기는 아이들로 차츰 변하게 만들고 있었다. 별난 미술 선생님의 별난 과학 실험은 이런 생각에서 탄생했다. 비록 대단하고 거창한 실험은 아니어도 아이들이 이 시간을 손꼽아 기다리는 이유가 여기에 있다. 호기심을 자극하고, 새로운 발견을 하는 재미를 느끼며, 왠지 마법 같은 시간을 느끼게 해주기 때문이다.

원리를 알면 재미가 쏙쏙~

"만약 지금까지 공룡이 살아 있다면 어떨까? 동물원의 코끼리처럼 우리에서 살까? 아니면 영화처럼 외딴섬에서 공룡들끼리 살까? 너희들 생각은 어떠니?"

화산 실험을 하기 위해 내가 아이들에게 던진 질문이다. 과학 실험을 시작할 때 나는 아이들에게 교과서에나 나올 법한 질문 말고 아이들이 각자의 상상력을 발휘할 수 있는 질문을 던지려고 노력한다. 나의 질문에 아이들은 저마다 생각한 '쥬라기 공원'을 펼쳐놓는다.

"동물원을 지금보다 열 배 넓게 지어서 공룡 구역을 따로 만들어 놓을 것 같아요."

"무인도 한 군데에다 공룡들을 실어다 놓지 않을까요? 사람들은 헬리콥터로 구경하고요."

"공룡이 지금까지 살아 있다면 실내에 있어야 할걸요? 지구가 엄청나게 더워졌잖아요."

내가 던진 질문의 폭발력은 다채로운 대답으로 이어지곤 한다. 이런 분위기를 타고 나는 본격적인 과학 이야기를 이어간다.

"공룡의 멸종에 대해서는 아직도 여러 의견이 많은데, 그중에서 소행성 충돌로 인한 지진과 화산 분출 그리고 뒤이어서 먼지구름이 지구를 온통 뒤덮어 공룡이 살 수 없게 되었다는 설이 가장 널리 알려진 이야기야. 그래서 오늘은 화산을 만들어볼 거야."

이렇게 물꼬를 터놓으면, 공룡에 빠진 아이들이 저마다 자신들이 알고 있는 공룡 대멸종에 관한 이야기들을 쏟아내며 한창 이야기 삼매경에 빠진다. 이런 사전 이야기를 서로 실컷 나눈 뒤에 하는 화산 실험은 아이들에게 확산적인 사고를 할 수 있도록 도움을 준다.

화산과 함께 공룡시대 만들기 돌입!

제일 먼저 아이들에게 화산의 모습을 사진으로 보여준다. "화산 본 적 있는 사람?", "화산 실험을 위해 어떤 재료가 필요할까?" 등 아이들과 질문과 대답을 주고받으며 상호작용한다.

화산은 땅속에 있는 가스나 마그마 같은 것이 지각의 터진 틈을 통해 땅 위로 분출하는 지점이나 분출해서 생기는 지형을 말한다. 활화산과 휴화산, 사화산이 있는데, 용암이 분출되는 화산이 바로 활화산이다. 나는 아이들과 주로 '활화산', 즉 살아 있는 화산을 만든다. 아이들에게 화산의 정의를 설명한 뒤 나는 실험에 필요한 재료를 말해볼 수 있도록 유도했다.

"빨강 물감, 빈 요구르트병, 식초, 소다, 지점토, 클레이 점토 그 외에 돌멩이나 풀같이 바깥에서 가져올 수 있는 재료들요."

이제 화산의 모습을 실험하면서 관찰하는 시간이다.

"공룡이 살던 당시를 상상해보며 화산을 만들어보자. 공룡이 사는 화산 주변에 무엇이 있었을까?"

"나무들이 엄청 많아서 공룡이 나무 열매를 아작아작 씹어 먹었을 거 같아요."

"여러 동물도 함께 살면서 공룡과 친구 했을 거 같아요."

아이들이 상상한 모습을 클레이 점토와 종이, 자연에서 가져온 돌이나 나뭇잎 등을 이용해 화산이 폭발하기 직전의 공룡시대를 꾸며준다. 화산 모양은 요구르트병을 가운데 놓고 지점토를 겉에 붙여 만든다. 요구르트병의 가운데 입구가 화산이 분출되는 구멍이 된다. 이때 미리 요구르트병 안에 소다 두 스푼과 빨강 물감을 넣어둔다. 그리고 공룡과 화산, 나무와 풀 등 아이들이 만들 화산과 공룡 등을 다 완성하고 나면, 마지막에 화산 분출 카운트다운을 시작한다. 요구르트병 안에 넣어둔 소다와 물감에 식초를 몇 방울 떨어뜨리면 보글보글 붉은 거품이 일어나며 드디어 화산 분출! 아이들은 환호성을 지르며 좋아한다.

이렇게 만든 공룡시대를 가지고 아이들과 역할 놀이를 하며 미술 시간을 보낸다. 누구는 공룡의 제왕 티라노사우루스 역할을, 누구는 우아한 초식동물 브라키오사우루스 역할을 맡아 평화롭게 어슬렁거리는 오후를 재현했고, 누구는 육식공룡이 출현했을 때 도망치는 초식공룡들을 재현하기도 했다. 이렇게 과학과 미술, 그리고 놀이가 뒤섞인 수업을 한참 동안 한 뒤 서준이가 말했다.

"선생님, 집에 가서 엄마와 공룡 화산 만들어보고 싶은데 엄마에게 알려주시면 안 되나요?"

나는 곧 서준이 어머니에게 실험 과정을 알려주었고 서준이는 이후에도 몇 달 동안 화산을 만들며 놀았다고 한다. 아이들은 '명사'가 아닌 '동사'로 자란다. 그래서 아이들의 생각을 꽃피게 해주는 것이 중요하다. 생각이 꽃피면 아이들은 아이다운 '동사'로 훨씬 더 많이 그리고 바쁘게 움직이며 커갈 것이다. 양육자들이 해야 할 일은 바로 이 아이들의 무대를 마련해주는 일이다.

'과학'은 생각하는 힘

아이들의 사고력과 상상력은 재미있는 경험을 통해 자란다. 관찰과 탐구의 힘은 아이들에게 새로운 아이디어를 창출해내는 능력을 길러준다. 머리로만 이해하는 것보다는 시각, 후각, 촉각, 미각, 청각 등 모든 감각을 통해 움직일 때 생각하는 힘이 생기기 마련이다.

시대가 변하고 아이들이 살아갈 환경이 변한다 해도 변치 않는 진리는 아이들은 끊임없이 성장해야 한다는 것이다. 아이들이 상상력과 창의적인 사고력을 키워나가는 과학 실험을 활용한 미술 수업이 이곳저곳에서 더 많아지길 바란다. 집이 실험실이 되고, 세상이 호기심 놀이터가 되길 기대한다.

미술로 요리 쿡! 조리 쿡!

오감 만족 즐거운 요리 시간

요리 활동은 오감을 골고루 사용할 수 있게 해준다. 음식을 만드는 동안 소근육 및 대근육의 움직임이 활발해지는 것은 물론 눈과 손의 협응력, 지각력 등 다양한 기능이 통합적으로 발달한다. 아이들은 자기 손으로 직접 음식 재료를 선택하고, 만지고, 자르고, 냄새를 맡으며 오감을 충분히 자극한다. 무엇보다 일상에서 가까이 접하는 재료와 매체이기에 아이들은 요리를 마음 놓고 놀이처럼 받아들이기 쉽고 그만큼 즐거운 수업을 할 수 있다.

때론 엄마처럼 앞치마를 하고, 요리사 모자를 쓰는 즐거운 경험 속에서 아이들의 표현 능력도 자란다. 평소에 잘 먹지 않던 음식도 친구들과 함께 재잘재잘 손으로 주무르며 입속으로 골인하는 모습을 지켜볼 때면 기특하기가 이루 말할 수 없다. 미취학 아동이나 초등학교 아이들은 모두 두 달에 한 번씩 하는 요리 미술 수업을 손꼽아 기다린다. 내 마음도 아이들의 함박웃음을 미리 마중 나간다.

인기 만점 토르티야 만들기

요리에는 새로운 맛, 새로운 안목, 새로운 세계가 담겨 있다. 우리의 식탁에 오르는 수많은 재료는 각기 이야기가 있다. 거기에 얽힌 재미있는 역사, 사건들만 살펴봐도 다양한 이야기 소재가 된다. 요리 수업은 요리 활동에다가 음식과 관련된 소소한 이야기들을 나눌 수 있어서 더 풍성하고 유익하다. 아이들과 했던 요리 수업 가운데 아이들이 가장 좋아하는 메뉴는 단연 토르티야(Tortilla)다. 나는 토르티야를 만들기 전에 꼭 이렇게 묻는다.

"얘들아, 토르티야가 무슨 뜻인지 아는 사람?"

토르티야를 먹어는 봤어도 그게 무슨 뜻인지 모르는 아이들은 저마다 추측성 답을 내놓는다.

"호떡이라는 뜻 아닐까요? 비슷하게 생겼는데."

"저는 중국말 같아요. 맛있다는 뜻 아닌가요?"

"토르티야는 뷔페에서 많이 먹어봤어요. 혹시 돌돌 만 빵? 이런 뜻 아닐까요?"

아이들이 마음껏 상상력을 더한 대답을 하게 한 뒤 정답을 말해 준다.

"토르티야는 옥수수나 밀가루를 반죽해서 팬에 구워 만든 멕시

코 빵이야. 어원은 케이크라는 뜻의 스페인어 토르타(Torta)에서 왔다고 해."

여러 이야기 후에 아이들에게 각자 가족 중 한 명을 선택하여 얼굴을 만들어보라고 했다. 채소랑 견과류 같은 재료를 이용해 다양한 표정도 만들어주기로 했다. 요리 수업의 순서는 수업에 관한 소개를 하고 음식 재료를 탐색 후 식재료를 이용해 만들고 각자의 완성된 작품들을 함께 감상하고 느낌을 발표하고 마무리한다.

아이들은 저마다 엄마와 아빠 얼굴부터 할머니, 동생, 더러는 자기가 좋아하는 가수의 얼굴을 꾸미기도 한다. 파프리카를 동그랗게 잘라 부끄러워진 뺨을 표현하기도 하고 미나리를 길게 늘여 할머니 얼굴의 주름을 표현한 아이까지 각자 개성대로 다양한 토르티야가 나온다.

요리 미술 수업이 가져다주는 것들

토르티야로 가족 얼굴을 상상하고 만들어가면서 아이들에게 가족에 대해 한 번쯤 생각해보는 계기를 주고자 한다. 음식이라는 매체로 다양한 방법을 활용하여 만든 작품은 아이마다 개성 있는 표현 방식이 스며들어 있고, 각자의 창의력이 반짝이는 데다 생각까지 읽을 수 있어서 좋다. 그리고 요리 수업의 백미는 맛보기에 있다. 잘 안 먹던 음식도 요리 수업에 등장하면 신기하게도 먹게 된다.

요리 수업의 마무리 단계에서는 수업하며 느낀 감정을 한 단어 또는 두 단어로 기록하는 시간을 갖는다. 그날의 짧은 느낌을 적게 하는데, 이렇게 하는 이유는 아이들에게 잠깐이나마 자신을 돌아보는 시간을 주고 싶기 때문이다. 아이들의 느낌을 적은 글을 우리는 '내 마음의 보석상자' 또는 '내 마음의 유리병'이라고 불렀다.

수민이는 엄마의 얼굴을 토르티야에 표현하며, 눈이 크고 눈썹이 짙은 엄마의 특징을 눈썹은 파프리카로 표현하고, 동그란 눈은 오이로, 웃을 때마다 불그스름해지는 볼을 당근을 이용해 섬세하게 묘사했다. 하준이는 수업을 통해 대충하는 습관이 사라져서 좋았다고 마음속 생각을 솔직하게 말해주었다. 상진이는 "선생님, 토르티야에 채소를 올려놓고 소스를 뿌려 먹으니까 마치 샌드위치처럼 맛있어요."라며 음식 재료에 대해 특별한 관심을 가지고 매우 흥미로운 반응을 보였다.

"예술은 결코 특별하지 않다. 일상적인 삶의 연속이다."

– 에릭 부스(Eric Booth), 《일상, 그 매혹적인 예술》, 에코의서재, 2009.

이 말처럼 특별하지 않은 일상, 즉 요리 수업이 우리에게 미술이 되었고, 요리와 미술의 만남은 아이들 마음에 숨어 있는 아이디어를 샘솟게 했다.

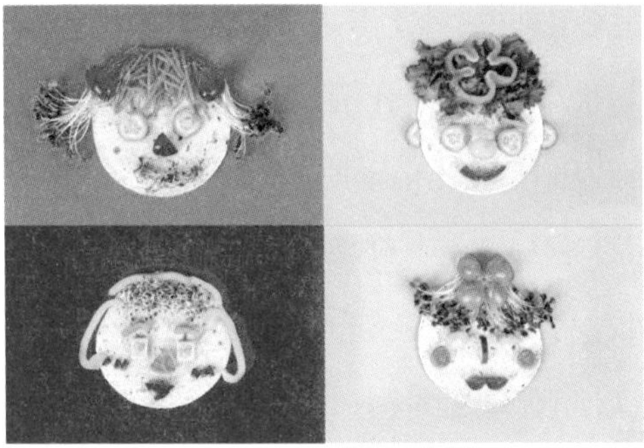

초등학교 3~6학년이 만든 토르티야 얼굴

요리 수업 후 느낀 감정을 적은 '내 마음의 유리병'

미술 속에서 실패를 경험하며 자라는 아이들

요리와 미술이 만나 요리 미술이라는 흥미롭고 새로운 가능성을 만들어가는 과정은 참 즐거운 일이다. 두 달에 한 번 있는 이 수업은 끝나기 무섭게 아이들이 질문을 시작한다. 다음번 요리 수업은 무엇이냐고. 다음 수업에 대한 기대와 희망은 오늘 진행한 수업이 긍정적인 영향을 미쳤다는 의미다.

요리 미술을 통해 아이들은 자신이 상상한 것 이상으로 완성도

높은 작품을 경험하며, 이를 통해 성취감을 느낀다. 자신이 만든 작품을 같이 먹으면서 행복한 감정이 입속에 퍼지면 몸도 마음도 저절로 즐거워진다. 타인의 얼굴을 묘사하면서, 아이들은 감정의 상호작용을 경험하고 나와 다른 사람을 이해하며 때론 기다리고 양보할 줄 아는 방법을 배워나간다.

이러한 요리 미술 시간에 아이들은 실수와 실패도 경험한다. 토르티야 위에 재미있게 얼굴을 꾸미기도 하고 때로는 토르티야에 여러 재료를 놓고 돌돌 말아 집에 가져가기도 하는데, 이때 생각대로 롤이 말리지 않아 여러 번 실패하기도 한다. 그러나 이 과정을 꾹 참고 끝까지 완성한 아이들은 내면에 성공의 경험치를 하나 쌓으면서 내공이 단단한 아이로 한 발짝 나아가게 된다. 이때가 돈으로도 살 수 없는 실패를 극복하는 힘을 배우는 순간이다. 오감을 통해 몸과 마음이 골고루 건강해지는 요리 미술은 이처럼 아이들에게 행복을 가져다준다.

달콤한 수업, 걸작을 만들다

예술은 결코 멀리 있지 않다. 아이들이 매일 만나는 세상과 일상들이 의미 있는 시간이라면 그 자체가 곧 예술이 된다. 그중 요리 미술은 예술을 표현하기에 매우 좋은 예가 된다. 오감을 총동원해서 수업하는 데다 아이들의 공감을 불러일으키기에도 매우 쉽기 때문이다. 요리 미술이라는 문을 열면 '흥미로운 식재료 탐색하기'로 시작하여 '다양한 식재료 알고 익히기'와 '풍성한 레시피 만나기'라는 여행을 떠날 수 있다.

남해에는 해풍을 맞고 자란 미니 단호박이 있다. 같은 재료라도 제빵사를 만나면 달콤한 단호박 식빵이 되고, 이탈리아 요리사를 만나면 단호박 에그슬럿(Eggslut)으로 재탄생한다. 아이들 요리도 마찬가지다. 아이 손에서 저마다 다양한 모습으로 재탄생하기에, 같은 재료로 요리 미술 수업을 해도 아이마다 결과물이 다르게 나온다. 집에서 경험하지 못했던 요리들은 아이들의 호기심을 자극하므로 신나고 달콤한 요리 미술 수업은 아이만의 걸작을 만드는 시작점이 되기에 충분하다. 가끔 아이들은 요리 미술 시간을 '요리 마술 시간'이라고 부른다. 미술이 마술이 되는 시간은 신비한 양탄자를 타고 떠나는 알라딘처럼 아이들을 마냥 행복한 세계 저편으로 데려다줄 것이다.

크림 봉봉 미니 케이크 선물이 도착했습니다

특별한 선물이 하고 싶은 날 우리는 보통 케이크를 선물한다. 봄, 여름, 가을, 겨울, 어느새 1년이라는 시간 동안 수업하느라 애쓴 아이들을 위해 특별한 요리 미술 수업을 준비하고 싶었다. 흔히 살 수 있는 커다란 케이크보다는 아이들이 만들기에 알맞은 미니 케이크를 만들기로 했다. 이름은 '크림 봉봉 미니 케이크'. 책상 위에는 요리 수업 재료들이 가득하다. 직접 내 손으로 만드는 '케이크 만들기 시간'은 아이들의 각오와 열정을 활활 타오르게 한다.

"선생님, 저는 크리스마스 나무를 맨 위에 꾸며주었어요."

"선생님, 오늘이 할아버지 생신이어서 할아버지에게 선물로 케이크를 드릴 거예요."

"오랜만에 지방에 가셨다 오는 아빠한테 제가 만든 케이크를 선물할 거예요."

케이크라는 이름이 붙으면 아이들의 표정과 기대감은 하늘 높이 올라간다. 1시간 넘게 땀이 송골송골 맺힐 만큼 애쓰며 만든 자랑스러운 케이크와 누군가에게 주고자 정성을 쏟아 만드는 아이들의 작은 어깨가 오늘따라 유난히 듬직해 보이는 날이다.

요리도 하고 미술도 하고~

요리하는 데에는 용기가 필요하다. 무에서 유를 만드는 요리는 용기가 있어야 레시피가 없어도 맛있고, 새로운 것을 자유자재로 만들어낼 수 있다. 이런 면에서 미술도 요리와 비슷하다. 도화지라는 빈 그릇 위에 색종이, 물감, 크레파스라는 재료로 요리조리 생각해서 멋진 작품을 만들어내기 때문이다.

아이들은 자기가 만든 작품을 만들고 먹는 경험을 통해 맛에 대한 즐거움과 성취감을 맛볼 수 있다. 요리도 하고 미술도 하는 조화로운 과정을 즐기는 동안 아이들은 어느새 몸과 마음이 훌쩍 자란다.

요리 활동

크림 봉봉 미니 케이크 만들기

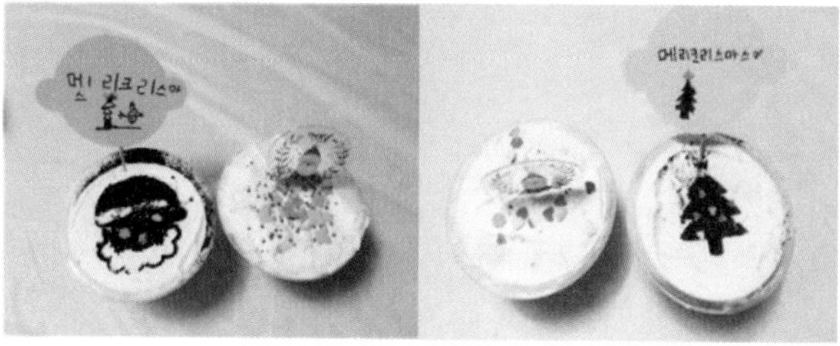

준비물

카스텔라, 생크림, 시판 후르츠 칵테일, 코코아파우더, 스프링클, 케이크 픽, 체, 디저트 컵, 티스푼, 스테인리스 스텐실(나무나 산타 등 다양한 모양으로 준비한다), 스패출러(빵 바르는 납작한 도구, 없으면 넓적한 주걱이나 숟가락 뒷면을 이용), 포장 상자, 데코픽, 네임펜

방법

1. 카스텔라를 디저트 컵에 맞게 두 종류 크기로 자른다. 1인당 작은 크기 카스텔라 두 장, 중간 크기 카스텔라 두 장을 준비한다.
2. 디저트 컵에 작은 카스텔라를 한 장 놓고 후르츠 칵테일을 올린 뒤 카스텔라로 덮는다. 생크림을 골고루 바르고 스패출러로 다듬어준다.
3. 중간 크기의 카스텔라도 2번의 방법으로 만든다.
4. 카스텔라 위에 스테인리스 스텐실을 하나 선택해서 올려놓는다. 코코아파우더를 체를 활용해 뿌려준다.
5. 코코아파우더 가루 위에 원하는 만큼의 스프링클을 뿌려준다.
6. 네임펜으로 데코픽에 간단한 인사말을 적고 미니 케이크에 꽂아준다. 포장 상자에 예쁘게 넣어준다.(예 : 메리 크리스마스, 축하해요, 사랑해요 등의 짧은 메시지)

3장

플러스알파가 되는 마법 같은 미술

환상의 짝꿍
N극과 S극

관찰의 힘이 필요해

전 세계의 아이들을 사로잡은 미키 마우스와 도널드 덕의 아버지 '월트 디즈니(Walt Disney)'는 자신의 책상에 자주 놀러 오던 쥐를 보며 미키 마우스라는 캐릭터를 완성했다고 한다. 이처럼 관찰의 힘은 사소한 것을 특별하게 만들며, 아주 놀라운 결과를 가져다준다. 만약 월트 디즈니가 관찰한 것을 그냥 지나쳤다면 지금의 디즈니랜드는 상상할 수 없을 것이다.

아이들은 유달리 새로운 것에 대한 호기심과 흥미가 많다. 그중에서도 유독 잘 관찰하고 탐구심이 가득한 아이들이 있다. 이런 아이들은 일상의 사소한 것들에서 특별한 것을 발견하고 끄집어낸다. 모든 분야에서 그렇겠지만 미술에서도 관찰의 힘은 무척이나 중요하다. 같은 것을 보더라도 다른 시선으로 요리조리 살피며 새롭게 상상할 때 새로운 아이디어가 생각나기 마련이다.

아이들의 끊임없는 질문에 어떤 대답을 해주면 좋을까? 부모와 교사가 아이들의 호기심 어린 질문을 제대로 맞이할 준비를 한다면 제2의 월트 디즈니도 달걀을 품은 에디슨 같은 인물도 얼마든지 나오지 않을까?

자석으로 그림을 그린다고요?

내가 하는 수업 가운데 날이 갈수록 인기가 높아지는 과학 미술 수업이 있다. 이름하여 '자석 그림 그리기'다.

"우리 주변에는 자석을 이용한 물건들이 많아. 자석을 이용한 물건으로 뭐가 있는지 얘기해볼래?"

"주방에 있는 전자레인지요."

"냉장고요."

"아빠가 사주신 또봇 자석 필통도 있어요."

"많이 알고 있네. 그것들 말고도 나침반, 스마트폰, 모터, 스피커, 전기자동차, 발전기, 금속 탐지기, 병원에서 검사할 때 사용되는 MRI라는 기계 등 자석을 이용한 물건들은 무궁무진하게 많단다. 자석은 쇳조각을 끌어당기는 자기를 띤 물체를 말해. 쇳조각을 끌어당기는 힘을 자기력이라고 하고, 자석이 물질을 끌어당기는 현상이 자기인데, 전자레인지도 자기장을 이용해서 음식을 데워주는 것이지. 냉장고는 열과 전기가 동시에 관계하는 열전현상(Thermoelectric Effect)을 이용해서 온도를 조절한단다. 신기하지?"

아이들은 주방에 있는 전자레인지나 냉장고가 자석을 이용한 물건이라는 설명에 눈을 동그랗게 뜬다. 아이들의 질문은 꼬리를 잇는다.

“선생님, 자석에는 영어로 N, S가 쓰여 있는데 이게 뭐예요?”

“자석은 북쪽을 뜻하는 North와 남쪽을 뜻하는 South의 머리글자를 따서 N극과 S극으로 나뉜단다. 자석의 다른 극끼리 만나서 끌어당기는 힘을 ‘인력’이라고 하며, 자석의 같은 극이 만나서 서로 밀어내는 힘을 ‘척력’이라고 해. 인력과 척력이 자석의 기본 성질이지. 오늘은 환상의 짝꿍인 N극과 S극 자석에 대해 알 수 있는 재미있는 실험을 해볼 거야.”

자석은 형태에 따라서 막대자석, 말굽자석, 고리자석, 원자석 등이 있음을 실제로 보여준다. 아이들은 자석의 다양한 모양을 보는 것만으로도 신나게 수업 준비를 하기 시작한다.

철 가루가 그림을 그리네

자석의 힘으로 그림을 그리는 방법으로는 철 가루를 이용하는 게 가장 간단하고 재미있다. 아마 부모님 세대에서도 철 가루를 이용한 실험을 학교 수업 시간에 해보았을 것이다. 자석에서 나오는 힘을 자기력이라고 하는데, 이 자기력을 이용해 다양한 모양의 그림을 표현할 수 있다. 그리고 이 실험은 아이들도 손쉽게 할 수 있고, 철의 다른 형태인 철 가루를 사용해 다양한 철의 모습을 알려주고 자석으로 철 가루의 다양한 움직임을 볼 수 있어 유용하다. 시중에는 색깔이 다양한 철 가루가 나와 있으므로 이를 활용하면 흥미를 더해 재미있는 그림으로 재탄생할 수 있다. 철 가루를 움직여 모양을 만들어내고 변화무쌍한 움직임을 보면서 아이들의 상상력을 마음껏 확장시켜보자.

자석의 세계를 탐험하는 아이들

아이들은 마치 미술 공간을 탐험하듯 "자석아 힘을 내!"라고 외치며 이곳저곳을 돌아다니며 자석의 친구를 찾아 나선다. 수업을 처음 시작할 때는 자석에 붙는 물건을 찾아오라고 하면 플라스틱과 심지어 스티로폼, 종이 등을 가져오는 아이들도 있었다. 수업이 끝날 무렵 아이들은 쇠로 만든 물건들이 자석에 붙는다는 것을 알게 된다. 자석 수업을 진행하는 동안 재미있는 해프닝들이 생겨났다. 어디서 찾아왔는지 아이들은 집 안 구석구석을 다니며 자석에 붙을 만한 쇳덩어리들을 한가득 가져온 것이다. 분리수거를 하는 엄마를 졸졸 따라가서는 슬그머니 신기한 쇳덩어리를 주머니에 넣어 와서는 한참을 자석과 씨름하며 논다고 한다.

재미를 발견하는 아이들, 즐거운 놀이를 통해 관찰의 힘을 키워가는 아이들을 볼 때마다 멋진 과학 미술 수업을 하는 이유를 발견한다.

철 가루 그림 활동 1

크기가 다른 사과

준비물

28×18cm 크기의 도시락 용기(집에 있는 투명 용기 가능), 철 가루(빨강, 파랑, 검정, 노랑), 네임펜, 막대자석

방법

1. 28×18cm 크기 도시락 용기를 준비한다.
2. 크기가 다른 사과 두 개를 네임펜으로 도화지에 그린다. 이때 사과 대신 그리고 싶은 대상이나 사물을 그려도 된다.
3. 빨강 철 가루를 적당량 도시락 용기에 넣어준다.
4. 투명 뚜껑을 닫는다. 철 가루의 움직임이 보일 수 있도록 투명 뚜껑을 준비한다.(뚜껑을 사용하는 이유는 뚜껑 없이 실험해도 좋지만, 철 가루가 쏟아지는 것을 방지하는 것과 보관하기에 유용하기 때문이다.)
5. 긴 막대자석을 상자 아래 놓고 철 가루를 움직여서 작은 사과(빨강 철 가루) → 큰 사과(노랑 철 가루) 순서로 사과 그림을 완성한다. 이때 사과의 색깔은 자신이 원하는 색의 철 가루를 선택해서 사용한다. 단, 철 가루가 섞이지 않도록 주의해야 한다.

철 가루 그림 활동 2

아이언맨 얼굴 만들기

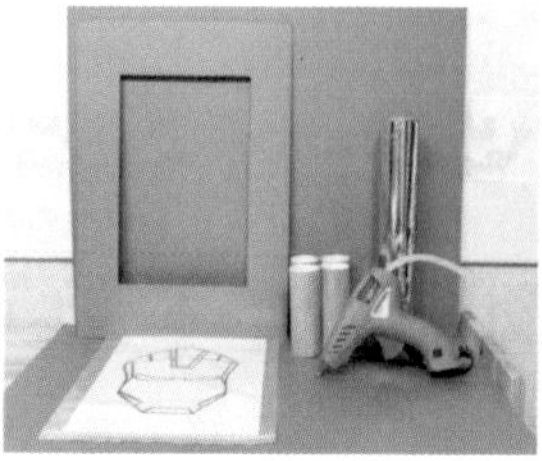

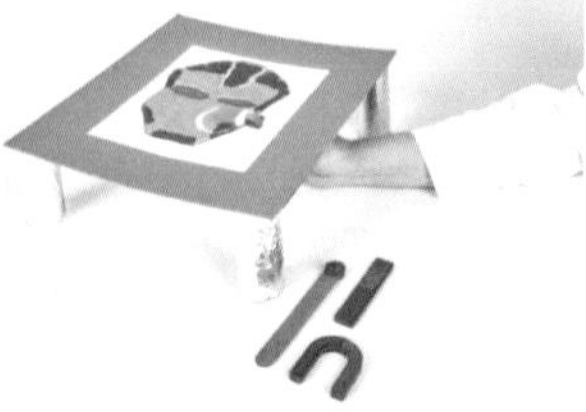

준비물

막대자석, 휴지 속대 네 개, 대형 지퍼백 한 개, 글루건, 철 가루(빨강, 노랑), 투명 테이프, 포일, 35×35cm 크기 크라프트 종이 액자 틀(또는 적당한 직사각형 빈 상자의 가운데를 잘라서 사용)

방법

1. A4 크기의 아이언맨 얼굴을 한 장 준비한 뒤 대형 지퍼백에 넣어준다.
2. 크라프트 종이 액자 틀에 아이언맨 얼굴을 잘 맞춰 테이프로 고정한다.
3. 휴지 속대 네 개를 포일로 감싸고 테이프로 고정한다. 액자 틀 네 곳에 글루건으로 휴지 속대를 붙인다.
4. 준비된 노랑 철 가루와 빨강 철 가루를 차례로 아이언맨 얼굴 위에 뿌린다. 막대자석을 이용해 아이언맨 얼굴 밑에서 움직이며 철 가루 그림을 그린다.

tip

아이들은 지퍼백 안에서 자유롭게 그림을 교체해서 활동해볼 수 있으므로 여러 번 활동할 수 있다. 예를 들어 아이의 얼굴 사진이나 풍경 등 간단한 동물, 사물 등을 윤곽만 그려준 뒤 철 가루로 그림을 완성해보면 우연한 그림을 그릴 수 있고, 작은 변화로 재미있는 활동을 할 수 있다.

색에도 존재하는 과학의 신비

창의력이 자란다

다섯 살인 아이들과 색의 혼합에 대해 수업할 때의 일이다. 색의 삼원색인 노랑, 빨강, 파랑 물감이 서로 만나서 새로운 색을 만들어내는 모습을 아이들은 신기한 눈으로 한참을 바라보았다. 빨강과 파랑을 섞어 보라가 나오고, 노랑과 빨강이 만나 주황이 나오자 아이들은 무척이나 흥분했다. 아이들이 새로 만든 색깔을 아이스 트레이에 담아서 냉동실에 넣고 며칠 후 아이들과 색깔 얼음을 꺼내 보았다.

얼음이 녹으면서 커다란 전지 위에 얼음 그림을 그릴 때 동그란 눈으로 신기해하는 아이들을 보며 나 역시 행복했던 기억이 난다. 분명히 지난 수업 시간에는 찰랑찰랑 흔들리는 물이었는데 색이 있는 얼음이 되고 그것도 모양이 네모로 변했으니 얼마나 흥미로웠을까! 이처럼 아이들은 놀이를 통해 창의적 사고를 충분히 키울 수 있다. 굳이 과학이란 말을 하지 않아도 간단한 과학 실험이 아이들에게 호기심을 자극할 수 있다는 것으로 과학은 충분히 매력적이다.

숨겨진 색 찾기

미술 시간에 많이 사용하는 미술 도구 중 하나는 사인펜이다. 사인펜으로 예쁘게 그림을 그리고 면봉으로 물을 묻혀 따라가다 보면 어느새 사인펜으로 그린 그림이 번져서 이전과 다른 느낌의 그림이 된다. 아이들에게 이번에는 사인펜을 이용해 재미있는 활동을 하자고 했다. 여러 가지 성분이 섞여 있을 때 각각의 성분을 분리하는 기술인 크로마토그래피를 진행했다.

크로마토그래피 원리는 과학 실험을 비롯해 다양한 곳에 사용된다. 물과 친한 성분은 빠르게 이동하고 종이와 친한 성분은 느리게 이동한다. 크로마토그래피는 고정상과 이동상을 이용하여 여러 가지 물질들이 섞여 있는 혼합물을 이동 속도 차이에 따라 분리하는 방법이다. 크로마토그래피는 실제로 과학수사에서 특정 물질의 유무를 판단하거나 운동선수의 도핑테스트에도 이용한다고 한다.

"애들아, 오늘은 여러 재료로 크로마토그래피에 대해 알아볼 거야. 먼저 사인펜으로 어떻게 흡수되고 색이 분리되는지 알아볼까?"

"선생님, 사인펜이 어떤 색으로 분리될지 너무 궁금해요."

우리가 사용하는 사인펜은 여러 가지 색소로 이루어져 있어서 색소들이 거름종이를 통과하면서 이동 속도 차이에 따라 여러 색으로 분리되는 실험을 해보자. 아이들이 "선생님, 연두색에서 초록색과 노란색이 보여요."라며 신기해할 것이다. 그럴 땐 "색을 만들 때 한 가지 색만 사용하는 것이 아니라 여러 가지 색소를 섞어서 그렇단다. 색소를 구성하는 성분마다 움직이는 속도도 다르단다." 라고 설명해주자.

관찰이 지닌 아주 특별한 힘

뉴턴(Isaac Newton)은 만유인력의 법칙을 사과나무를 관찰하다가 깨달았다. 그는 단지 우연히 발견한 걸까? 우리는 사소한 것을 특별하게 만드는 새로운 시선이 필요하다. 뉴턴이 사과나무를 그냥 지나쳤다면 어땠을까? 크로마토그래피의 원리는 생소하지만, 아이들에게 주변에 있던 일상적인 재료를 통해 새로운 것을 알고 창작해나가는 기회를 만들어준다. 관찰이란 어떤 대상에 관심을 가지고 주의를 깊게 살펴보는 일이다. 많은 아이들에게 꿈틀거리는 관찰의 힘이 마구마구 용솟음치면 좋겠다.

크로마토그래피 활동 1

사인펜 색소 분리

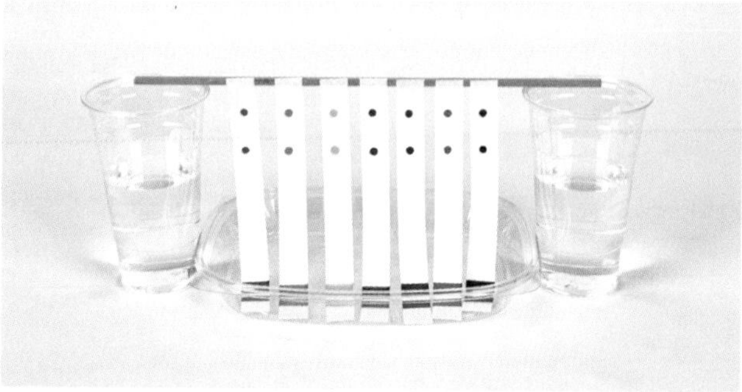

준비물

수성 사인펜, 막대 모양 거름종이(2×20cm), 투명 용기, 나무젓가락, 물, 물받이 용기, 자, 양면테이프

방법

1. 사용할 투명 용기와 높이를 맞춘 거름종이 일곱 장을 준비한다.
2. 나무젓가락에 거름종이 일곱 장을 양면테이프로 살짝 붙인다. 거름종이 위에는 동그라미, 아래는 옆선을 그린다. 이때 선을 진하게 그리면 변화를 더 잘 관찰할 수 있다.
3. 물받이 용기 양쪽에 있는 투명 용기에 물을 2/3 정도 붓는다. 그 위에 거름종이 일곱 장을 붙인 나무젓가락을 올린다.(거름종이를 고정하기 위한 것으로 투명 용기 대신 다른 물건으로 대체 가능함.)
4. 거름종이 끝부분을 물이 담긴 물받이 용기에 넣는다. 거름종이에 물이 올라가면서 색소가 분리되는 모습을 관찰한다.

크로마토그래피 활동 2
무지개 초콜릿

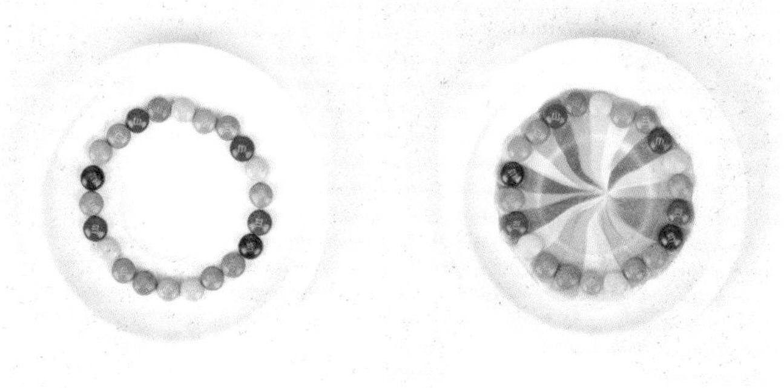

아이들이 좋아하는 초콜릿을 이용한 색소 분리 실험을 해본다. 혼합물 속의 물질은 그 성질을 그대로 가지고 있어서 각 물질이 지닌 성질의 차이를 이용해서 분리할 수 있다.

준비물

색깔 초콜릿, 종이 접시, 물, 투명한 물컵, 스포이트

방법

1. 초콜릿을 원하는 개수와 색깔로 흰색 접시에 번갈아 가면서 배치한다.
2. 스포이트를 이용해 물을 떨어뜨린다. 이때 스포이트로 시간이 오래 걸리면 물을 약간 부어서 초콜릿이 살짝 잠기게 한다.
3. 잠시 뒤에 여러 색으로 분리되면서 나타나는 변화를 지켜본다.
4. 색의 배열에 따라 다양한 모습을 볼 수 있다.

크로마토그래피 활동 3

분리 색소를 활용해 페이퍼아트 만들기

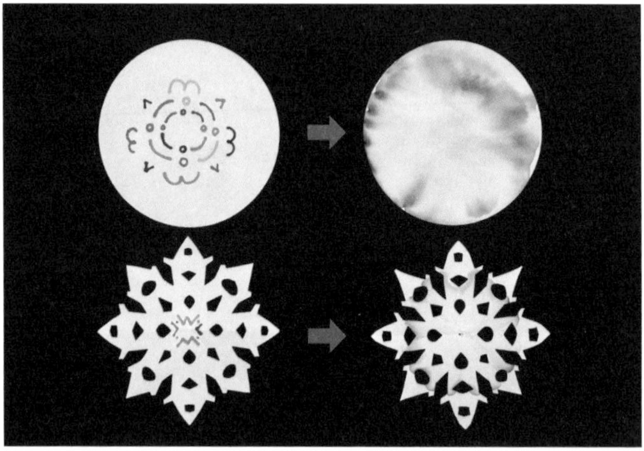

수성 사인펜으로 그림을 그리고 물과 에탄올 혼합 용액을 거름종이에 떨어뜨리면 사인펜 속의 색소가 분리되면서 여러 색으로 번져나가 아름다운 모양을 만들어 세상에서 하나뿐인 페이퍼아트가 탄생한다.

준비물

원형 거름종이(커피 거름종이 가능), 수성 사인펜, 물과 에탄올(1:1 혼합 용액), 스포이트

방법

1. 원형 거름종이 위에 다양한 무늬를 자유롭게 그리거나, 사물이나 동물, 꽃 등 간단한 형태를 사인펜으로 그린다.(주의점 : 그림을 그릴 때 중간보다는 주변에 그린다.)
2. 중간 부분에 스포이트로 혼합 용액을 떨어뜨린다.
3. 흰색 거름종이가 일정한 패턴 모양이나 번짐 효과로 멋진 페이퍼아트가 된다.

코인 티슈 활동

코인 티슈로 애벌레 만들기

코인 티슈에 물이 스며들면 애벌레가 커지면서 형형색색의 귀여운 코인 티슈 애벌레로 변신한다.

준비물

코인 티슈 네다섯 개, 작은 눈알, 글루건, 여러 색의 사인펜, 더듬이를 만들 두꺼운 지끈 또는 가죽끈, 접시, 스포이트

방법

1. 코인 티슈 옆면에 사인펜으로 색을 칠하거나 무늬를 그린다.
2. 각각 채색한 코인 티슈를 글루건으로 연결한다.
3. 애벌레 몸통 앞부분에 눈알과 더듬이를 붙인다.
4. 완성된 애벌레를 접시 위에 올려놓고 감상한다.
5. 스포이트로 애벌레의 몸에 물을 떨어뜨린다. 코인 티슈가 물을 흡수하면 네 배 정도 커진다.

화려한 스톤아트의 매력

이것은 돌멩이인가 예술인가

자연의 색은 참 신비롭다. 세상 그 어떤 물감도 자연이 나타내는 색깔만큼 다채롭고 화려하지 않으며, 그 다양한 변화를 담아내지 못한다. 나는 봄, 여름, 가을, 겨울로 변화하는 자연을 바라보며 그 아름다움에 감탄하게 된다.

계절이 주는 즐거움도 제각각이다. 봄은 초록색의 나무와 잎들이 생명을 알려주고, 여름은 시원한 계곡물을 찾게 되고, 또 그곳에서 커다란 바위부터 작은 조약돌까지 다양한 크기의 돌들을 만나게 된다. 가을은 패션왕이 된 듯 알록달록한 단풍잎들이 내 마음을 물들이며 마음을 빼앗아 간다. 겨울의 나무들 위로 눈이 소복이 쌓여 펼쳐지는 장관은 그 어떤 멋진 풍경화보다 경이롭다.

그중에서도 내가 자주 이용하는 재료는 돌이다. 일상에서 쉽게 만날 수 있을뿐더러 소재가 주는 단단함이 매력적이다. 돌을 이용한 만들기를 '스톤아트'라고 부른다. 길가나 산에 또는 화단에 무심코 버려진 돌들을 가져와 정성스레 그림을 그려보자. 작은 것을 소중히 여길 줄 아는 데서부터 아이들은 먼저 마음이 커지고 어느새 작은 화가로 변신한다. 자연에 말을 거는 아이들을 지금부터 만나보자.

조약돌에 펼쳐지는 요술

스톤아트는 누구나 즐기면서 할 수 있는 활동 중 하나다. 작은 조약돌과 물감, 펜 그리고 아이들의 상상력만 있으면 재미난 수업이 된다. 수업은 조약돌을 찾는 데서부터 시작한다. 어떤 모양과 어떤 크기를 고를 것인지부터 아이들의 흥미를 유발하는 것이다. 아이들마다 돌을 골라오는 기준이 다양하다. 재료를 고르고 디자인을 떠올리고 마무리를 짓기까지, 아이들의 머릿속에서 아트의 전 과정이 펼쳐지고 실행으로 옮겨진다.

나는 무엇보다 아이들이 이 수업을 통해 자연을 존중하고 사랑하는 마음을 갖기를 바란다. 자연은 소중할 뿐 아니라 그 자체로 보존하고 같이 살아나가야 할 가치 있는 존재임을 아이들이 깨닫길 바라는 마음으로 수업한다. 아이들에게 조약돌 위에 그림을 그리기 전에 이런 질문을 한다.

"애들아, 너희들 중에 김홍도라는 화가에 대해 들어본 사람 있니?"

"저요. 예전에 김홍도 책을 도서관에서 읽은 적이 있어요."

"저도요 선생님, 우리 집 근처에서 김홍도 전시회가 열려서 미술관에 가봤어요."

"아는 사람이 많구나. 우리가 잘 아는 조선 시대 최고의 풍속 화가인 김홍도는 어릴 때 집이 가난해서 종이를 살 수 없었단다. 그래서 숯으로 땅바닥에 그림을 그리거나 넓은 하늘을 바라보며 하늘을 커다란 종이 삼아서 마음속으로 그림을 그렸대. 자연이 도화지가 된 거지. 오늘은 우리 주변에서 흔히 볼 수 있는 재료이지만 너희들의 도화지가 될 특별한 재료로 그림을 그릴 거야. 무엇인지 한번 맞혀볼래? 이 재료로 아주 오래전부터 예술 작품을 표현했단다. 또 이 재료는 자연에서 구할 수 있단다."

"바닷가에 있는 소라나 조개껍데기 아닌가요?"

"아, 산에 올라갈 때 지팡이 모양 나무를 발견했는데 공룡 화석처럼 단단했어요."

"선생님, 혹시 돌멩이 아닌가요?"

"맞아! 돌이란다. 돌에 그림을 그리는 건 아주 오래전에 살던 사람들도 사용했던 표현 양식 중 하나란다."

아이들 마음은 벌써 돌 위에 무엇을 그릴까 하는 기대로 가득 차서 사방에 흩어진 돌멩이 위로 시선을 빼앗긴다. 어떤 요술 그림을 펼칠 지 나 역시 무척이나 기대되는 순간이다.

마음속에 있는 돌 물고기를 꺼내 그리다

나는 아이들이 처음 접하는 소재에 당황하지 않도록 일정한 주제를 정해주곤 한다.

"얘들아! 혹시 집에서 물고기를 기르고 있는 사람 있니? 오늘은 조약돌 물고기를 만들어볼 거야. 나만의 돌 물고기는 어항 속에서 어떻게 살고 있을까? 각자 상상해서 꾸며보자. 어항은 과일을 포장할 때 쓰는 투명한 플라스틱 통도 좋고, 다 마신 생수병을 이용해도 좋아. 어떤 것이든 어항이 될 수 있지."

나는 아이들과 수업 주제에 맞는 재료에 대해 충분히 이야기를 나누고 재료는 각자 선택하도록 한다. 이렇게 하는 이유는 아이들이 미술 재료에 경계를 두지 않고 다양하게 활용하는 유연성을 발휘하기 위함이다. 아이들이 주도적으로 재료를 선택하면 물고기가 사는 바닷속을 꾸미는 아이부터 어렸을 때 키웠던 금붕어 수족관을 만드는 아이, 수면 위로 들락날락하는 커다란 범고래를 그리는 아이까지 저마다의 바다가 아이들 마음에 펼쳐지는 것을 보게 된다. 아이들은 돌멩이에 생각보다 많은 이야기와 상상을 담아낸다.

이외에도 아이들이 좋아하는 수업 중 하나는 조약돌을 캔버스로 활용해보는 것이다. 이른바 '동물 컬러링'! 이때는 조약돌 전체가 그림을 그리는 캔버스나 도화지가 되므로 훨씬 다채로운 느낌을 받을 수 있다. 붓과 물감, 조약돌만 있으면 아이들은 멋진 조약돌 수집가로 변신 완료! 여러 종류의 귀엽고 사랑스러운 동물 친구들을 그려보면서, 아이들은 친근한 동물로부터 조금은 낯선 동물들까지 신비한 동물의 세계로 빠져들 수 있다. 아이뿐 아니라 어른들도 함께 즐겨보자. 아이 옆에서 함께 동심 속으로 한 발짝 들어가는 시간이 될 것이다.

나만의 그림 놀이터를 만들다

작고 소소한 것들이 유난히 눈에 들어올 때가 있다. 바람과 물에 겉모습이 둥글둥글 빚어진 조약돌은 언제 보아도 애정이 간다. 바닷가나 강가에서 혹은 산 밑에 조용히 있던 조약돌을 아이들과 다양한 활동을 통해 만나보았다. 어떤 아이는 코끼리를 그리고 싶다고 너무 큰 돌을 가지고 오는가 하면, 손톱만 한 돌을 가져온 아이도 있었다. 다소 거칠고 삐쭉한 돌을 화단에서 가져온 아이가 있었는데 "이 돌은 뭐가 어울릴까?"라고 물었더니 "선생님 저는 뾰족한 가시가 있는 고슴도치를 그려줄래요. 우리 집에서 키우는 고슴도치에게 친구를 만들어주고 싶어요."라고 말했다. 자연에서 가져온 것들로 그림을 그리다 보니 아이들마다 자유로운 상상은 끝이 없었다. 재료는 한정돼 있지 않다. 무엇이든 미술로 태어날 수 있다. 미술 재료는 아이들 주변에 널려 있다. 마치 조약돌들이 아이들에게 이야기를 건네는 듯하다. 형형색색의 조약돌은 아이들의 도화지가 되고 그림이 된다. 돌이 꽃이 되고, 사자가 되고 나비가 되어 잔치가 열린다.

스톤아트 활동 1

내 마음의 어항 만들기

준비물

다양한 크기와 모양의 조약돌(사용 전에 세제로 깨끗이 닦아서 준비), 분필, 종이, 아크릴물감, 붓, 바니시, 어항(투명한 용기나 생수병), 수초, 원예용 수정토

방법

1. 각자 하나씩 고른 돌에 분필로 물고기를 스케치한다.
2. 아크릴물감으로 물고기를 칠한 뒤 마르기를 기다렸다가 눈과 비늘 모양 등을 그린다.
3. 같은 방법으로 세네 마리를 그리고 조개나 산호 등도 그린다.
4. 물감이 다 마르면 돌 전체에 바니시를 칠하고 말린다.
5. 준비해둔 어항에 작은 자갈, 돌멩이, 수초 또는 직접 뜯은 잡초나 집에 있는 화초의 잎을 따서 넣어 꾸며준다.
6. 짬뽕을 먹고 남은 홍합 껍데기, 조개껍데기 등도 넣는다.
7. 원예용 수정토를 골고루 넣어 예쁘게 완성한다.

tip

물고기 몸통을 선명한 색깔로 도드라지게 표현하면 어항 속에서 더 선명하게 보인다.

스톤아트 활동 2

하늘을 나는 하늘하늘 잠자리

준비물

둥근 조약돌, 연필 또는 분필, 종이, 아크릴물감, 붓, 바니시, 검은색 펜, 면봉

방법

1. 비교적 평평한 조약돌을 고른다.
2. 연필로 잠자리 밑그림을 그린다.
3. 잠자리를 아크릴물감으로 채색한다. 날개를 그린 뒤 가느다란 선을 그어 무늬를 표현한다.
4. 나뭇잎, 구름 등 잠자리와 어울릴 만한 배경을 꾸며준다.
5. 잘 말린 뒤 바니시로 마무리한다.

tip

자연에서 돌을 가져오면 안 되므로 파는 돌을 구매해서 사용하자. 어두운 조약돌은 분필로, 밝은 조약돌은 연필로 스케치한다. 연필은 경우 흐릿한 선으로 스케치해야 채색을 마친 후에 연필 선이 보이지 않는다.

스톤아트 활동 3

자연을 담은 조약돌 액자 만들기

이번에는 조약돌과 나뭇가지로 새를 표현해본다. 조약돌을 몸통으로, 나뭇가지를 다리로 활용해서 나뭇가지에 앉은 새들을 꾸며주면 멋진 장식으로 좋다.

준비물

나무판(혹은 단단한 택배 상자를 잘라서 활용 가능), 조약돌(색깔, 모양을 다양하게 준비), 한지, 목공 풀, 나뭇가지, 아크릴물감, 붓, 글루건

방법

1. 네모난 나무판에 풀로 한지를 붙인다.
2. 한지 위에 굵은 나뭇가지를 목공 풀로 붙인다.
3. 조약돌로 새의 몸통을 표현한다. 조약돌을 세네 개 정도 글루건을 이용해 한지 위에 붙인다.
4. 아크릴물감으로 새의 날개를 그린다.
5. 작은 조약돌을 새의 부리로 붙인다.(새의 부리를 펜이나 아크릴물감으로 그려도 좋다. 아이마다 다양하게 표현할 수 있도록 한다.)

실과 망치로 작품을 만드는 스트링아트

수많은 선으로 이루어진 세상

우리는 수많은 선으로 이루어져 있는 세상 속에서 살고 있다. 주변의 자연과 사물들만 보아도 나뭇잎, 동그란 선풍기, 자전거 바퀴 등이 곡선으로 이뤄져 있고, 막대 과자, 블록 장난감, TV, 건널목 등 직선으로 이뤄진 것들도 가득하다. 직선과 곡선 없이는 우리 주변에 있는 사물, 그 어느 하나도 제대로 표현하기 어렵다는 것을 알 수 있다.

얼마 전 가족과 함께한 여행길에서 멋진 다리를 건너며 야경이 너무 근사하다고 생각했다. 시시각각 색깔이 변하면서 멋진 야경을 선물했던 다리는 스트링아트(String Art)가 만들어낸 아름다운 작품이었다.

아이들과 명화 수업에서 프랑스의 화가 조르주 쇠라(Georges Pierre Seurat)의 작품을 배우며 점묘법으로 수업을 진행한 적이 있다. 쇠라는 대비되는 색을 작은 점들로 병치하여 빛의 움직임을 묘사하는 것이 특징이었는데, '점묘법'으로 불린 이 독특한 그리기 방식은 새로운 인상주의를 탄생시켰고, 쇠라는 신인상주의의 대표 화가이자 점묘법의 창시자가 되었다.

아이들에게 점으로 색이 바뀌는 쇠라의 그림을 보여주자 무척이나 신기해했다. 특히 가장 유명한 작품 〈그랑자트섬의 일요일 오후〉 작품을 감상하며 아이들은 점이 모여 색이 된다는 것을 신기해하며 한참을 인상 깊게 보았다. 점이 모여 선이 되고, 선이 움직여 면이 된 것처럼, 아이들도 쇠라의 기법을 따라 그렸다. 점들의 흔적으로 멋진 작품을 만들어내는 것을 보면서, 새로운 시도를 해보는 아이들에게 응원의 박수를 보냈다.

뚝딱뚝딱 재미있는 망치질

나무를 다루는 목수들이 못질을 통해 멋진 작품을 만들어내는 것을 보며, 새삼 장인의 손길을 부러워했던 경험이 있다. 아이들과 수업에서 나무와 못을 이용해서 새로운 시도를 해보자고 생각했다. 바로 스트링아트 수업이다.

스트링아트는 직선이 일정 간격으로 모여 아름다운 곡선으로 보이게 하는 예술을 일컫는다. String은 '줄'이라는 뜻이므로 스트링아트는 대부분 실을 가지고 하는 예술을 뜻하며 라인디자인이라고도 부른다. 실로 여러 직선을 그려 곡선처럼 보이게 하는 것을 의미하기도 한다. 스트링아트는 모두 점과 점의 대응으로 이루어져 있다. 점들이 어떻게 배열되어 있는지에 따라 다양한 모양을 이룬다. 스트링아트를 이용한 작품은 우리 주변에서도 다양하게 살펴볼 수 있다.

스트링아트는 규칙에 따라 선분을 그어 멋진 모양을 만들어낸다. 시시각각 색깔이 변하면서 멋진 야경을 뽐내는 다리도 자세히 살펴보면 큰 원 두 개가 서로 마주 보고 있으며 그 사이로 직선들이 이어져 있다. 직선이 모여서 만들어내는 곡선이 멋진 조명을 받아 아름다운 다리를 만들고, 레이저쇼가 펼쳐지는 도시를 만들 수 있는가 하면, 드림캐처 같은 곡선과 직선의 만남도 가능하다. 다양한 모양의 열쇠나 여러 동물이나 사물도 스트링아트로 얼마든지 표현할 수 있다. 점과 선만 있으면 표현할 수 있는 것이 무궁무진하다.

스트링아트의 가장 큰 특징은 점 대신 못을 이용한다는 점이다. 즉, 못이 점이 된다고 생각하면 된다. 나무판자 위에 목수가 된 듯 작은 망치로 못을 마음 가는 대로 박아준다. 그런 다음 색실을 이용해 표현하고 싶은 작품을 완성해본다. 스트링아트의 못질은 도화지에 그리는 밑그림이라고 생각하면 된다. 다만 이 작품을 할 때 손을 안전 망치에 찧지 않도록 조심해야 한다. 따라서 초등부 아이들에게 추천한다. 5~7세 아이들이 할 때는 부모가 못질을 함께 도와주면 가능하다. 스트링아트 수업을 하면서 나는 아이들에게 묻는다.

"애들아, 점과 점을 이으면 뭐가 될까?"

"당연히 선이 되죠?"

"선에는 어떤 종류가 있을까?"

"선생님, 기찻길처럼 반듯한 직선과 곱슬곱슬한 파마머리 같은 곡선이 있어요."

"맞아. 오늘은 선을 이용해서 입체적인 작품을 만드는 스트링아트 수업을 할 거야. 너희들 혹시 레이저쇼를 본 적 있니? 스트링아트는 바로 그런 원리를 실로 이용한 거야. 레이저쇼는 레이저를 활용한 것이라면 이것은 색실을 이용한 것이지."

이처럼 수업에 들어가기 전에 스트링아트에 대해 알면 아이들은 훨씬 쉽게 수업을 이해하고 유연하게 작업하게 된다.

"선생님, 목수가 된 것 같아요"

스트링아트는 앞서 말했듯이 점이 모여 선을, 선들이 모여 면을 이루는 과정을 아이들이 손수 해보면서 느끼는 미술 수업이기에 2차원과 3차원의 차이를 경험할 수 있다. 또 사각형의 꽃병은 점 네 개로 이루어지고 네 면이라는 점, 삼각형의 꽃병은 점 세 개에 세 면이라는 점 등을 직접 만들며 알 수 있기에 수학의 기초적인 원리도 깨우칠 수 있다.

감겨 있는 색실의 타래를 풀면서 실의 느낌을 일차적으로 느끼고, 나무와 못 등 각기 다른 소재들이 갖는 특징과 질감도 느끼고 비교해볼 수 있다. 선들이 교차되는 과정을 통해 누에가 실을 뽑듯이 실이 지나간 자리가 메워지면서 면을 만들어내는 신기한 입체감을 느끼는 예술 그림을 경험하게 된다.

도화지가 아닌 새로운 재료와 도구를 이용해 수업하는 과정에서 "선생님, 목수가 된 거 같아요. 멋지지 않나요?"라고 말하는 아이도 있었고, 못을 박는 게 너무 재미있고 신기하다고 수업 내내 감탄을 자아내며 새로운 것을 시도해보려는 의지를 불태웠다. 이 수업은 하면 할수록 점이 쌓여 선이 만들어지듯이 아이들의 웃음소리가 쌓여간다. 어떤 아이는 못의 높낮이를 자기 마음대로 조정해서 풍부한 입체감을 표현하는 데 능숙해지기도 했다. 점이 쌓여 선이 만들어지듯이 아이들의 웃음소리도 쌓여간다.

스트링아트 활동 1

작은 병아리

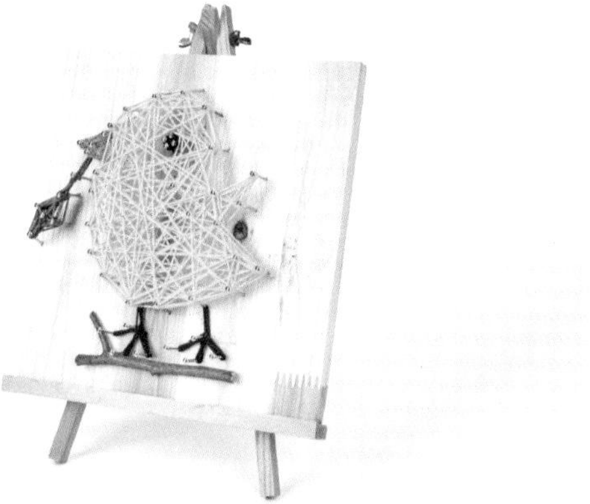

스트링아트로 가장 쉽게 만들 수 있는 것 중 하나가 병아리다. 병아리를 그리고 못을 박고 노랑, 주황, 검정 색실을 감아주면 된다.

준비물

나무판(20×20cm), 못, 연필, 용지, 안전 망치, 스티커, 삼각 고리, 글루건, 색실(노랑, 주황, 검정, 연두)

방법

1. 나무판 위에 연필로 병아리 모양을 그린다.
2. 연필 선을 따라 안전 망치로 못을 박는다. 이때 못과 못 사이의 간격을 일정하게 유지한다.
3. 여러 색의 실을 이용하여 위아래, 좌우로 자유롭게 감아가며 색을 표현한다. 이때 끈을 촘촘하게 묶거나 엉성하게 묶으면 면을 구분하는 효과를 높인다.
4. 완성된 작품은 삼각 고리를 붙여서 벽에 건다.

스트링아트 활동 2

반짝반짝 크리스마스트리 카드

초등학교 3학년 이상인 아이들과는 입체적으로 나타낼 수 있는 카드를 완성해 보자. 현관문 앞이나 거실에 두면 인테리어 효과도 안성맞춤이다.

준비물

나무판(A4 용지 크기 미만), 못, 연필, A4 용지, 안전 망치, 색실(초록, 연두, 빨강), 반짝이실, 색 구슬, LED 와이어 전구 또는 크리스마스트리 장식 때 사용한 전구

방법

1. 연필로 나무판 위에 크리스마스트리를 그린다.
2. 연필 선을 따라 작은 망치를 이용해 못을 박는다.
3. 초록색, 연두색 실로 트리를 감는다.
4. 크리스마스 메시지를 간단하게 나무판 아래에 펜으로 쓴다.
5. 크리스마스트리 모양에 장식할 때 쓰는 전구를 감는다.
6. 전구를 켠다. 어두운 곳에 놓아두면 예쁘게 빛난다.

tip

전구를 사용할 때는 반드시 전구를 먼저 감아준 뒤 실 감기를 해준다.

스트링아트 활동 3

들꽃 화병

스트링아트와 그림이나 조화를 접목해서 두 가지 매체로 나타내는 작업이다.

준비물

나무판(20×20cm), 못, 연필, 안전 망치, 색실(하늘, 파랑), 조화, 글루건

방법

1. 나무판에 연필로 화병 모양을 그린다.
2. 연필 선을 따라 안전 망치로 화병 모양대로 못을 박는다.
3. 여러 색실로 위아래, 좌우로 자유롭게 화병을 감아준다.
4. 화병 위에 조화를 글루건을 이용해 붙여준다. 이때 조화를 붙여주거나 직접 꽃을 그려도 된다.(압화, 말린 꽃, 생화 사용 가능.)

달달한 슈링클스가 필요한 날

천의 얼굴을 가진 종이

종이는 여러모로 참 매력적인 재료다. 도화지, 골판지, 주름지, 한지, 크라프트지, 전지 등 모양과 색, 두께도 매우 다양하다. 평면이던 종이를 접고 오리고 붙이면 어느새 입체적인 조형 작품이 된다. 아이들은 마음껏 재료를 가지고 놀면서 재료의 특성을 알게 될 때 연상과 발상을 통해 표현을 확장해나간다.

아이들에게 삶은 놀이고, 놀이는 미술이 된다. 진심을 담고 마음을 쏟아 집중하는 아이들의 작품 속에서 아이들의 마음을 자연스럽게 읽을 수 있다. 미술에서 중요한 것은 관찰의 힘이다. 관찰이 중요한 이유는 창의력이 풍부해지기 때문이다. 대단한 재료가 아니라도 주변에 있는 재료부터 아이들이 경험하는 것이 중요하다. 미술이 필요한 날엔 아이들에게 종이를 나눠주자.

크기가 변하는 마법의 종이

도화지를 흔들며 아이들에게 종이의 이름을 물어본다.

“이 종이에서 어떤 소리가 들리니?”

“병원에 있는 기계에서 나는 심장 소리 같아요.”

“더울 때 부채질하는 소리 같아요.”

“바람이 쌩쌩 불 때 간판이 흔들리는 소리 같아요.”

슈링클스 종이로 만든 작품을 보여주며 “이것은 어떤 걸로 만들었을까?”라고 질문한다.

“플라스틱으로 만든 거 같아요.”

“코팅을 한 거 아닌가요?”

나는 슈링클스 종이를 본 적 있는지 물어본다. 아이들 대부분이 잘 모르겠다는 표정을 짓는다.

“이 종이는 ‘슈링클스’라는 특별한 종이인데 종이 위에 그림을 그린 후 열을 가하면 처음엔 춤을 추듯 오그라지다가 다시 평평해지는데, 크기는 원래보다 1/7로 작아지고 두께는 일곱 배인 플라스틱으로 바뀌는 신기한 마법 같은 종이란다.”

오늘은 이 종이로 마법의 세계로 함께 떠나보자고 말한다. 아이들은 ‘와~’를 외치며 신기한 표정으로 수업에 들어간다. 슈링클스는 활용도가 좋아서 목걸이, 냉장고 자석, 브로치, 열쇠고리, 핸드폰 고리 등 나만의 예쁜 액세서리를 만들어볼 수 있다.

슈링클스는 어린아이부터 중고생과 성인은 물론 남녀노소 다양한 연령층이 사용할 수 있다. 슈링클스는 일반 문구점보다는 온라

인으로 구매하는 것을 추천한다.

아이들을 웃게 하는 수업

슈링클스를 이용한 수업을 하면서 아이들의 재료에 대한 감탄이 인상적이었다. 열을 가한 오븐 안에서 오그라드는 자기 작품을 보면서 신기해하기도 하지만 열심히 만든 작품을 행여나 망치는 것은 아닐까 콩닥콩닥 가슴이 뛰었다는 아이의 말이 기억에 남는다. "선생님 종이가 너무 뜨겁지 않을까요? 너무 불쌍해요."

이 말을 했던 마음씨 여리고 고운 아이는 작품을 건네받고는 보물단지를 대하듯이 소중하게 집으로 가져가며 싱글벙글 미소가 환하게 번졌다. 아이들을 웃게 할 수 있는 미술 수업은 아이들의 마음을 알아가는 수업으로 이어져서 더욱 의미 깊은 수업으로 남는다.

슈링클스 활동 1

부엉이 목걸이 만들기

준비물

슈링클스(A4 용지 1/4 크기), 연필, 색연필(연필 형태), 네임펜, 목걸이 줄, 오븐 혹은 토스터, 두꺼운 책, 가위, 투명 매니큐어, 펀치

방법

1. 종이의 거친 면에 부엉이 도안을 놓고 네임펜으로 따라 그린다. 1/7로 작아지는 점을 염두에 두고 크게 그린다.
2. 깎아 쓰는 색연필로 채색한다.
3. 채색한 그림을 가위로 윤곽선보다 약간 여유를 두고 오린다.
4. 종이 상단에 여백을 남기고 펀치로 구멍을 뚫는다. 이때 여백과 구멍 사이가 너무 좁으면 슈링클스가 부러질 수 있다.
5. 오븐에 알루미늄 포일을 깔고 170~200도로 예열한다. 토스터 사용 시에는 전원을 켜고 2~3분 후에 넣는다. 슈링클스 종이가 작게 오그라들면 얼른 꺼내서 두꺼운 책으로 눌러 평평하게 만든다. 오븐의 열기로 뜨거우니 천 장갑을 끼고 작품을 꺼낸다.
6. 평평해진 작품 위에 반짝이 매니큐어나 투명 매니큐어를 천천히 바르면 코팅 처리도 되고 완성도가 높아진다.
7. 아까 뚫어놓은 구멍에 목걸이 줄을 끼워 매듭을 지어 완성한다.

tip

밑그림은 연필로 연하게 그린 뒤에 형태는 네임펜으로, 채색은 색연필로 한다.

슈링클스 활동 2

냉장고 자석 만들기

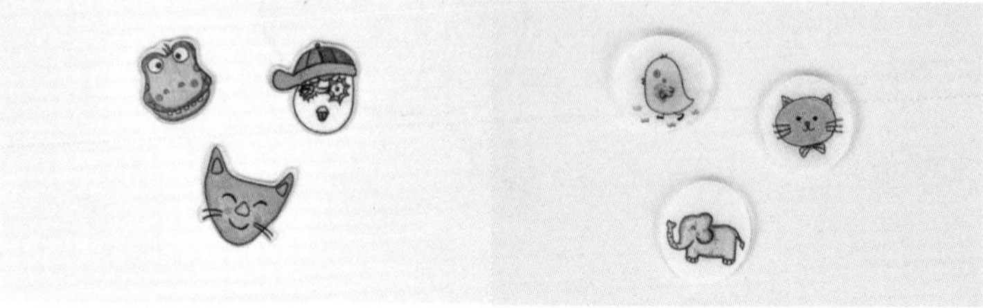

준비물

원 자석 세 개, 슈링클스(A4 용지 1/4 크기), 연필, 색연필(연필 형태), 네임펜, 목걸이 줄, 오븐 혹은 토스터, 두꺼운 책, 가위, 투명 매니큐어, 펀치, 글루건

방법

1. 종이의 거친 면에 종이 한 장당 그림 한 개씩 네임펜으로 따라 그린다. 이때 그림 크기가 줄어들 것을 대비하여 복잡하지 않고 단순하게 그리는 것이 좋다.
2. 깎아 쓰는 색연필로 채색한다.
3. 채색한 그림을 가위로 윤곽선보다 약간 여유를 두고 오린다.
4. 오븐에 알루미늄 포일을 깔고 170~200도로 예열한다. 토스터 사용 시에는 전원을 켜고 2~3분 후에 넣는다. 슈링클스 종이가 작게 오그라들면 얼른 꺼내서 두꺼운 책으로 눌러서 평평하게 만든다. 오븐의 열기로 뜨거우니 천 장갑을 끼고 작품을 꺼낸다.
6. 평평해진 작품을 반짝이 매니큐어나 투명 매니큐어로 천천히 바르면 코팅 처리도 되고 완성도가 높아진다.
7. 원 자석을 글루건을 이용하여 슈링클스에 붙여서 완성한다.

tip

아이들이 좋아하는 다양한 캐릭터를 슈링클스로 만들어본다. 만들기 전에 캐릭터가 나온 도서를 읽어주고 활동하면 효과적이다.

드로잉은 멈춰 있지 않고 자라난다

얼룩말을 어떻게 그리나요?

초등학교 1학년 서희는 재미있는 동물원이라는 주제로 그림을 그리는데 매우 난처한 표정을 짓고 있었다. 평소에 늘 긍정적으로 수업을 즐기는 모습과 사뭇 다른 아이에게 다가가서 물어보았다. 그러자 아이는 "선생님, 동물원에 얼룩말을 그리고 싶은데 어떻게 그려야 할지 모르겠어요."라고 했다. "서희야, 생각나는 대로 한번 그려볼래?" 내 말에 서희는 연필로 얼룩말을 그리고는 고개를 절레절레 흔들었다. "선생님, 제가 그린 얼룩말이 이상해요."

아이는 처음으로 그려본 얼룩말이 낯설고 마음에 들지 않는 눈치였다. 나는 아이와 함께 《자연 관찰 도감 01 동물》(김종운, 현대출판사, 2004)에서 얼룩말을 찾아 서희의 손가락으로 따라가 보게 하였다.

"서희야, 얼룩말은 몸 중에 어떤 부분이 발달했을 거 같니?"

"음, 그야 말이니까 다리가 가장 길고 튼튼하겠죠."

"그렇지? 이번에는 여러 종류의 얼룩말의 얼굴, 귀 모양, 몸과 다리, 무늬도 한번 자세히 살펴보렴."

"선생님, 자세히 보니까 얼룩말의 줄무늬가 조금씩 달라요. 채프먼얼룩말은 굵은 줄무늬가 배부터 엉덩이까지 있어요."

"맞아, 줄무늬 사이에 연한 줄무늬도 있단다."

"선생님, 마운틴얼룩말은 목 밑에 작은 혹도 있어요. 귀는 가늘고 기네요."

"선생님 그레비얼룩말은 얼룩말 중에 몸집이 제일 크대요. 둥글고 큰 귀에 줄무늬도 가늘고 촘촘해요. 배에는 줄무늬가 없는걸요."

이렇게 하나하나 아이와 세심한 관찰을 한 뒤 다시 얼룩말을 그려보게 하였다. 그리고 얼룩말의 얼룩무늬는 보호색 역할을 한다는 것과 얼룩말에 대한 이모저모에 대해서도 이야기를 나누었다. 처음에 그렸던 얼룩말은 다리가 몸 전체 크기보다 매우 짧아서 균형이 안 맞았고, 마치 강아지 같았다. 다시 그레비얼룩말을 그린 서희는 둥글고 큰 귀와 좁고 촘촘한 줄무늬 그리고 척추를 따라 꼬리까지 한 줄의 선명한 흑색 줄무늬까지 섬세하게 표현했다. 자세히 관찰하지 않으면 그릴 수 없는 부분까지 구체적으로 그렸다.

관찰 전과 후의 그림이 이렇게 달라질 수 있다는 것에 아이와 나는 매우 놀랐다. 매의 눈으로 천천히 그리고 자세히 관찰하는 서희를 보며 처음에 어떻게 그려야 할지 발을 동동 구르던 아이와 달리 관찰의 힘이 만들어낸 결과는 확연히 달랐다.

이날 서희는 엄마를 보자마자 자신이 그린 그림을 자랑하였다. '생애 최초 얼룩말'이라는 말을 빼놓지 않았다. 서희의 엄마는 진짜 서희가 그린 그림이 맞는지 슬쩍 나에게 와서 물어보았다. 아이와 엄마가 미술 수업 후 집으로 향하는 발걸음이 유난히도 가벼워 보였다. 오늘도 성장 미술 이야기는 계속된다.

'고소 물감'으로 그리니 고소한 그림

사람들의 기발한 아이디어와 생각을 시각화하면 짧은 시간에 전달하는 효과가 매우 크다. 점과 점이 만나 선이 되고, 선과 선이 만나 면이 되듯이 자연의 모습과 일상의 물건들은 재미난 선들의 교집합들로 만들어지기도 한다.

나는 둘째 아이가 네 살이 될 무렵부터 집에서 미술 놀이를 다양하게 해주었다. 그 대가로 집 안은 자주 물감 범벅이 되곤 했지만, 아이들이 행복하게 노는 것으로 엄마의 수고는 충분히 감당할 수 있었다. 그 시작이 홈스쿨 미술의 결정적인 계기가 되었다.

하루는 둘째 병현이와 좌식 테이블에 음식을 차려놓고 밥을 먹는데 아이가 그만 우유가 담긴 컵을 쏟았다. 동그랗게 뜬 눈으로 나를 바라보며 씩 웃는 아이 앞에서 화를 내는 대신에 나는 이렇게 말했다. "어머나, 병현아, 우리 우유로 그림을 그려볼까?" 아이는 끄덕끄덕하더니 "좋아요."라고 외치며 손가락으로 우유가 쏟아진 모양의 선을 따라서 신나게 그리고는 한참을 우유를 만지작거리며 놀았다.

"엄마, 우유에서 고소한 냄새가 나요. 고소 물감 같아요."

"우와, 고소 물감이라는 말 정말 재미있네. 우유로 그려보니까 기분이 어때?"

"음, 무지 아주 신났어요."

미술은 그리 대단한 재료와 지식이 있어야 하는 것은 아니다. 아이들에게는 놀이로 시작하는 것이 좋다. 우연한 재료, 우연한 그림이 가져다주는 즐거움을 누릴 수 있다면, 자연도 미술 재료로 무궁무진하고, 집 안의 모든 물건이 미술 재료가 될 수 있다.

아이들의 드로잉에는 마음이 담긴다

아이가 건강한 신체를 지니기 위해서는 잘 먹고 적당한 운동이 필요하듯이 내면의 힘을 기르기 위해서는 다양한 독서를 하거나 아이가 정서적으로 건강할 수 있도록 돌보는 것이 필요하다. 아이들은 음악이나 미술 등 비언어적인 것을 통해 자신을 다양하게 표현한다. 아이들은 낙서를 시작으로 유아기로 접어들면서 인물, 집, 나무, 동물 등 형태와 색으로 자신의 감정과 마음을 그린다. 세심히 살펴보면 점 하나, 선 하나에도 아이들의 심리를 읽을 수 있다.

뽀르파트재 미술에서는 아이들과 함께 드로잉 수업을 많이 하는 편이다. 우리는 직선 드로잉, 곡선 드로잉, 원형 드로잉, 정삼각형 드로잉, 사각형 드로잉, 젠탱글 드로잉 등 다양한 기법을 넘나

든다. 또한 도구를 연필로 하는지 펜으로 하는지에 따라 느낌이 다름을 경험할 수 있다. 신기하게도 아이들은 드로잉만으로도 안정감을 찾고 집중력이 빠르게 향상된다. 드로잉 기법도 전혀 어렵지 않으므로 집에서도 엄마가 충분히 지도해줄 수 있다.

직선 드로잉

직선은 두 점을 곧게 이은 선을 말한다. 직선 드로잉은 곧게 나아가는 선을 일직선으로 그리기도 하고 지그재그로 그리기도 하는 등 다양한 직선 모양으로 사물을 표현할 수 있다. 같은 직선이어도 길이에 따라 다른 느낌을 줄 수 있음을 드로잉 작업으로 알게 된다. 예를 들어 기찻길이 되는 긴 직선과 떨어지는 비를 표현하는 짧은 직선의 느낌과 모양이 다름을 알 수 있다. 직선을 지그재그로 이어서 드로잉하면서 화가 나거나 불안, 부정적인 감정을 마음껏 표출하므로 감정을 순화시킬 수 있다.

이때 차분한 음악을 틀어주면 감정을 완화하는 데 도움을 줄 수 있다. 드로잉 수업이 끝나고 아이들에게 "지그재그 선을 그릴 때 어떤 기분이 들었어? 선을 마음껏 그리고 났을 때 그리기 전과 다른 점이 있었니?"라고 물어보자 지훈이가 답했다.

"저는 사선으로 비가 내리는 모습이랑 번개 모양을 지그재그 선으로 잔뜩 그렸더니 이상하게 마음이 좀 시원해졌어요."

선을 그릴 때 손끝에 강한 힘을 주기도 하고 손을 쭉쭉 뻗어가며 속 시원한 스케치를 하기도 한다. 어느 경우든 아이들은 선을 그리는 동안 소근육과 대근육이 움직이면서 감정을 발산할 수 있어 마음이 편안하고 시원해지는 기분을 느낄 수 있다.

곡선 드로잉

곡선 드로잉은 가는 선부터 굵은 선, 빠르게 그린 선, 느리게 그린 선 등 곡선을 반복적으로 이어서 그리는 것부터 파도나 바람, 머리카락 등 불규칙한 곡선 등을 무궁무진하게 표현할 수 있다. 선을 중첩해 그리는 방법도 있다. 또한 고불고불한 선, 스프링 모양의 선, 소용돌이 모양의 선 등 다양한 모양의 곡선을 리듬감 있게 표현할 수 있어 직선 드로잉보다 훨씬 유연한 그림이 완성된다. 밝고 빠른 템포의 음악을 들으면서 드로잉하면 효과적이다.

원형 드로잉

가장 기본이 되는 드로잉이며, 아동뿐 아니라 전 대상에게 보편적으로 사용할 수 있다. 사람이나 동물의 얼굴, 물건 등을 그리는 데 많이 사용되며, 집중력을 길러주고 경직된 마음을 이완시켜주어 안정감을 주는 데 효과적이다. 원형 드로잉의 경우 원의 크기나 타원, 반원 등 다양한 형태로 표현의 폭이 확장될 수 있다.

사각형 드로잉

네 개의 선분으로 둘러싸인 도형인 사각형을 기본으로 그리는 드로잉이다. 아이들에게 균형감과 집중력을 길러주고, 마음이 편안해지는 효과가 있다. 우리 주변에 있는 사각형이나 마름모, 사다리꼴 등의 모양을 찾아보는 활동을 하자 아이들이 매우 즐거워했다. 활동이 끝난 후에 아이에게 질문했다. "세연아, 흰색 도화지 위에 초록색 물감으로 색칠했네. 특별한 이유가 있었니?"

"저는 초록색 들판이 생각나서 테두리를 초록색으로 했어요."

"아, 그랬구나. 그림을 다 그리고 난 후에는 어떤 느낌이 들었니?"

"초록색 테두리 안에 양과 소들을 그려주었더니 왠지 마음이 편해지고 행복했어요."세연이는 실제로 학교에서 방과 후 수업이 늦게 끝나 급하게 미술을 하러 오느라 마음이 분주했는데, 그림을 그리면서 마음이 편해졌다고 했다.

삼각형 드로잉

삼각형은 세 개의 선분으로 둘러싸인 도형을 말한다. 삼각형 드로잉은 신체의 균형감을 길러주며 긴장감을 풀어주는 데 효과가 있고 긍정의 힘을 주는 드로잉이다. 삼각형 드로잉은 아동에게 인내심을 갖게 하며 창의성이 자라나게 한다. 삼각형으로 다양하게 연상하여 그림을 그려보거나 삼각형 모양을 연속적으로 반복해서 드로잉을 하면 흥미를 더할 수 있다.

젠탱글 드로잉

젠탱글(Zentangle)은 젠(Zen, 선)과 탱글(Tangle, 복잡하게 얽힌)의 합성어로서 단순한 선이나 패턴을 반복해 그리는 그림을 말한다. 직선

검은 도화지 위에 흰 펜으로 젠탱글을 활용해 소녀, 코끼리 그림을 그렸다.

과 곡선을 이용해 젠탱글로 자유롭게 그림을 그릴 수 있다. 펜이나 연필, 종이만 있으면 언제 어디서나 가능하며 재미는 물론 창의력과 집중력도 키울 수 있다.

곡선과 직선에게 말 거는 아이들

누가 가르쳐주지 않아도 아이들은 머무는 공간마다 땅바닥이든 벽이든 혹은 가구라도 자신의 마음을 풀어서 그려놓는다. 정해진 규율이나 한계를 알지 못하는 아이들에겐 모든 공간이 도화지인 셈이다. 무심코 끄적이는 선들이 아이들의 가장 솔직한 마음을 나타내는 것은 아닐까? 아이들이 그린 그림들은 모두가 예술 작품이 될 수 있다. 다채로운 선들과 색감의 콜라보를 볼 때마다 나는 행복한 상상에 빠진다. 아이들의 소중한 생각과 감정을 공감하는 시간은 값지고 소중하다. 아이들의 그림 속에서 아이들의 호기심, 관심사, 감정 등을 읽을 수 있기 때문이다.

나영이는 실물 양배추 드로잉을 하면서 "선생님, 먹기만 했지, 양배추를 그려본 것은 처음인데 양배추 속을 들여다보니 수많은 선들이 있어서 깜짝 놀랐어요. 마치 미로처럼 빨려 들어갈 거 같았어요."라며 느낌을 표현했다. 평소 그냥 지나쳤던 사물도 드로잉을 하면서 보면 확장된 시각을 경험할 수 있음을 알게 해주는 대목이었다. 내가 "그랬구나, 양배추 속 다양한 곡선의 매력에 나영이가 푹 빠졌구나."라고 하자 나영이는 "네, 집에 가서 시간이 날 때마다 드로잉을 더 연습해보고 싶어요."라고 포부를 말했다.

여덟 살 민혁이는 직선을 지그재그로 그려서 공룡의 날카로운 이빨을 표현했다. "민혁이는 지그재그 선으로 어떤 표현을 해준 거야?"라는 질문에 "선생님, 제가 가장 좋아하는 육식공룡 티라노사우루스의 무시무시한 이빨을 표현해보고 싶었어요."라고 했다.

아이들은 선을 통해서도 자기 세계를 잘 표현한다. 그 선들로 그려진 이야기를 듣는 것만으로도 얼마나 흥미진진한지 모른다. 그림 하나에 표현된 아이들의 표정과 가족의 모습, 배경, 심지어 작은 곤충 하나까지도 아이다운 마음이 전해진다. 아이의 마음이 이해되지 않는다면 잠시 일을 내려놓고 아이의 눈을 한 번 더 바라봐 주자. 아이의 그림을 한 번 더 들여다보면 아이의 마음과 만나게 될 것이다.

직선 드로잉 활동

번개 치는 날

준비물

크레파스, 도화지

방법

1. 다양한 직선을 길게, 짧게 그린다.
2. 도화지 위에 비가 내리는 날을 배경으로 그린다.
3. 비가 내리는 모습과 번개 모양을 선으로 표현해본다. 비는 직선으로, 번개 모양은 지그재그 표현할 수 있다. 지그재그 선 위에 연상되는 것을 함께 그려도 좋다.

곡선 드로잉 활동

양배추 그리기

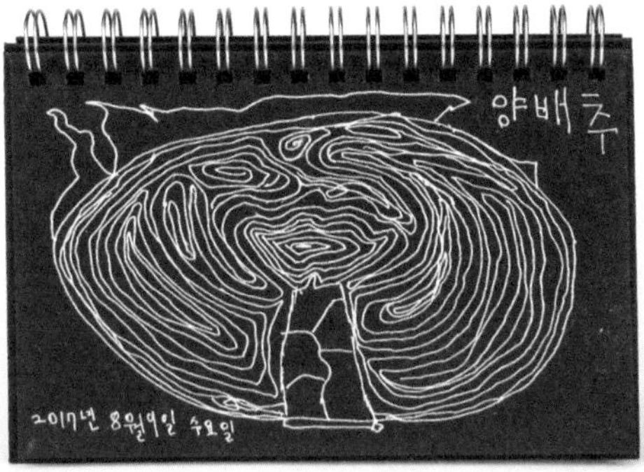

준비물

양배추, 검은 도화지, 흰색 젤리롤펜

방법

1. 양배추를 자세히 살펴보고 관찰한다. 손으로 양배추를 만져보고 각자 느낌을 말한다.
2. 검은색 도화지 위에 흰색 펜으로 양배추를 천천히 그린다.
3. 완성하고 난 뒤에는 아이들끼리 상대의 작품을 감상하며 발표하는 시간을 갖는다.

tip

양배추 외에도 집에 있는 곡선 모양의 실물이나 물건을 그려봐도 좋다. 예를 들어 고등어라든지 양파, 오징어 등 다양한 사물을 관찰하고 드로잉으로 표현하다 보면 관찰력이 향상되는 것은 물론이고 시각을 넓혀주어 훨씬 폭넓고 독특하게 사물을 보는 시각을 갖게 된다.

원형 드로잉 활동

목탄으로 우리 집 가족화 그리기

준비물

도화지, 크레파스, 목탄, 연필, 파스텔

방법

1. 도화지에 크레파스로 얼굴 모양을 동그랗게 그린다. 가족의 수만큼 그린다.
2. 동그라미 안에 연필로 표정을 그린다.
3. 머리를 채색할 때는 목탄을 사용한다. 평소와 조금 색다른 방법으로 머리 부분을 목탄으로 칠한 뒤 거꾸로 지우개로 지운다. 새로운 기법을 통해서 자유로운 표현을 경험해보게 한다.(목탄은 옅으며 잘 지워지는 특징이 있어서 머리카락을 그린 뒤 지우개로 지우면 부드럽고 자연스럽게 표현할 수 있다.)

tip

연필과 목탄, 크레파스 등 여러 재료를 사용하면 아이들이 다양한 느낌을 받을 수 있다. 아이들은 “연필은 느낌이 조금 딱딱했는데 목탄은 연필보다 부드러웠고, 머리카락의 넓은 면을 잘 표현할 수 있어서 재미있었어요” “목탄으로 처음 표현해보는데 지우면서 제가 원하는 머리카락 모양이 완성돼서 너무너무 재미있었어요.” 등의 반응을 보인다.

사각형 드로잉 활동

액자 프레임 만들기

준비물

물감, 도화지, 가는 붓 또는 워터브러시

방법

1. 원하는 색깔의 물감을 하나 골라서 가는 붓으로 사각형 도화지의 네 면을 따라가며 그린다.
2. 1번과 같은 방법으로 5~6회 정도 반복하여 테두리를 만든다.
3. 테두리를 완성한 후 테두리 안에 그림을 그려서 완성한다.

tip

워터브러시는 물붓이라고도 한다. 브러시 속에 물을 채운 뒤 눌러주면 물방울이 맺힌 상태에서 그림을 그리고, 수채화 색연필이나 고체 물감을 칠하고 워터브러시를 그리면 다양한 효과를 낼 수 있다. 야외 작업에도 편리하다.

삼각형 드로잉 활동

뽕뽕이 색지 가랜드 만들기

뽕뽕이는 솜방울이라고도 부르는데 촉감이 부드러워 아이들이 좋아하는 재료다. 작품을 꾸밀 때 사용하는데, 이번에는 뽕뽕이를 나무젓가락에 붙이고 물감에 찍어 표현해보니 아이들은 재료의 변신에 흥미로워했고 색다른 재미를 경험했다.

준비물

다양한 크기의 뽕뽕이(칼라솜 솜방울), 나무젓가락, 물감, 도화지, 긴 줄, 테이프

방법

1. 도화지로 각 변이 15cm 크기인 정삼각형을 열 장 만들어 준비한다.
2. 뽕뽕이에 물감을 묻혀서 삼각형 모양에 자유롭게 찍어준다.
3. 2번의 방법으로 열 장을 완성한 뒤 말린다.
4. 긴 줄에 적당한 간격을 두고 열 장을 붙여서 가랜드를 만든다.

물감으로 이런 것도 해봤니?

우리도 작품이 되어볼까요?

박스를 이용해서 동물을 만드는 수업을 진행했다. 손바닥만 한 크기의 박스부터 신발을 담을 수 있는 박스 등 다양한 박스가 주재료가 되었다. 아이들은 제각기 관심 있는 동물들을 스케치하기 시작했다. 기본 재료를 제외한 미술 재료들은 교사가 정해주지 않고 아이들이 직접 선택해서 만든다. 몸통은 박스로 만들고 그 밖에 다리, 꼬리, 동물의 몸과 얼굴을 다양한 재료들로 각자 탐색하여 자유롭게 연결해서 만드는 방식으로 진행됐다.

코끼리를 그리기로 한 슬기는 박스 위에 커다란 귀를 그려서 오려 붙이고, 기다랗고 알록달록한 짝 잃은 양말 한 짝을 가져와서 연결해 코를 만들었다. 코끼리의 눈은 페트병 뚜껑에 유성 매직으로 눈동자를 그린 뒤 얼굴에 붙여주었다. 민채는 펭귄을 만들고 싶다고 하며 스티로폼 박스를 가져와서 펭귄 모습을 그리고는 열선

커터기로 잘라달라고 했다. "선생님, 펭귄이 사는 남극은 추우니까 이글루도 만들어줄 거예요. 스티로폼도 직사각형하고 비슷하게 아주 많이 잘라주세요."라고 쉴 새 없이 주문했다.

뽀르파트재의 미술 재료들은 매우 다채롭다. 아이들이 잘 볼 수 있도록 투명한 용기에 담아놓고 이름표를 달아준다. 재료 용기 안에는 유리구슬, 단추, 철사, 자연물, 천 조각, 화장지 속대, 조약돌, 고무 호스 등 다양한 종류들로 가득하다. 아이들의 상상과 맞아떨어져 재료로 쓰이기를 기대하듯이 재료 용기에서 기다리고 있다.

'상상은 지식보다 중요하다'라는 말이 있듯이, 아이들은 머리로 지식을 쌓기보다는 경험을 통해 얻는 것을 좋아한다. 흥미진진하고 재미있는 상상을 모아서 세상에 둘도 없는 근사한 작품을 완성하는 아이들을 오늘도 기대한다.

알록달록 물감아, 반가워

미술 시간은 마법 같다. 파란 물감을 스케치북에 가득 풀어 상상의 바다를 큰 붓으로 쓱쓱 붓칠하고, 반짝이는 무지개 물고기와 고래도 그려주면 어느새 아이들은 흰색 파도와 도란도란 이야기 보따리를 풀어놓는다. 나는 아이들이 처음 미술 수업에 오면 제일 먼저 하는 것이 재료의 특성을 충분히 이해하고 다양한 미술 기법을 놀이처럼 경험하게 한다. 같은 재료로도 한 번 더 생각하고 관찰해보면 풍부하게 표현할 수 있기 때문이다. 물감, 크레파스, 종이는 각기 재료가 지닌 특성이 다르다.

물감은 수채화물감, 아크릴물감, 포스터물감, 염색 물감, 마블링 물감 등 종류가 다양하다. 물감의 성질이 다른 점을 아이들과 이야기하며 특성을 파악하고 이해한다. 수채화물감은 물과 혼합하여 사용하기 간편하고, 물의 양을 조절할 수 있어서 다양한 색을 만들 수 있고 표현 기법도 폭넓다. 아크릴물감은 색채가 선명하고 변색이 잘되지 않는다. 물과 함께 사용할 수 있으며 금방 마른다. 종이 외에도 돌, 플라스틱 등 다양한 재료에 사용할 수 있다. 단, 옷에 묻으면 잘 지워지지 않는다.

포스터물감은 수채화물감과 같이 물을 사용하지만 불투명한 게 특징이다. 염색 물감은 직물 등에 사용하며 발색이 좋고 세탁 후에도 잘 지워지지 않는다. 마블링 물감은 기름과 물이 섞이지 않는 특성을 이용해 우연한 그림을 연출할 수 있다. 마블링 물감을 사용할 때는 손으로 물감을 만지지 않도록 하고 냄새가 강하니 문을 열고 사용하는 것이 좋다. 마블링 물감으로 화지를 적신 후에 말려서 색상지처럼 사용해도 특별한 효과를 줄 수 있다. 마블링 물감은 기름 성분이 많기에 사용 후 용기 세척이나 주변 정리에 더 신경 써야 한다.

선영이가 미술 수업에 처음 왔을 때 "신영아, 물감으로 어떤 것을 표현할 수 있을까?"라는 질문에 선영이는 "음, 그림을 그린 후에 마지막에 바탕으로 칠하는 거요."라고 대답했다. "다른 방법은 어떤 것이 있을까?"라는 질문에 고개를 저었다. 아이와 첫 수업으로 물감의 특징을 알 수 있도록 다양한 물감으로 할 수 있는 재미있는 기법들에 대해 수업했다. 선영이는 재료에 대해 충분히 이해한 뒤로 미술 수업에서 몰라보게 표현이 풍부해졌다.

"선생님, 가족과 여름에 바닷가 여행을 다녀온 걸 그려봤어요."

"선영이가 표현한 바다 색깔이 진짜로 바다에 와 있는 것 같은 느낌인데, 꽃게를 스텐실 기법으로 표현했구나. 정말 상상력이 대단하다."

"선생님, 예전에는 물감을 색칠하는 데만 사용했는데, 이렇게 다양한 방법을 알게 되니까 재미있는 표현을 자꾸자꾸 사용해보고 싶어요."

'물감의 날'을 아시나요?

아이들에게 놀이의 주도권을 주고 싶었다. 미술과 놀이를 마음껏 할 수 있는 수업을 진행해보았다. 물감이 주재료이지만 두세 가지 다양한 물감 놀이를 게임으로 경험하게 했다. 수업 준비물로 버려도 되는 편한 복장을 입혀서 보내달라고 사전에 부모에게 공지한다.

'기발한 물감 놀이의 날'에는 물감 재료로 할 수 있는 재미있는 기법들로 맘껏 수업하는 날이다. 아빠의 낡은 티셔츠도 좋고 조금 구멍이 난 옷도 상관없다. 옷에 묻은 얼룩덜룩한 물감 자체가 작품으로도 빛날 수 있기 때문이다.

물감으로 할 수 있는 게임을 세 가지로 정한다. 게임은 교사가 아닌 아이들이 정한다. 물감으로 할 수 있는 여러 게임을 종이에 써서 비밀의 함에 넣어놓고 팀별로 하나씩 꺼내서 선택된 게임으로 팀과 순서를 정한다. 비밀의 함은 주변에서 흔히 볼 수 있는 휴지 상자여도 좋고 작은 천 주머니도 괜찮다. 참고로 우리는 세 팀으로 게임을 진행한다. 게임 전에 우승의 결과보다는 미술 활동 과정을 즐기기로 하고 아이들과 게임 규칙에 관해 이야기한다.

얘들아, 미술하면서 놀자!

아이들이 유독 좋아하는 미술 재료 중 하나는 물감이다. 물감은 색깔도 화려할 뿐 아니라 두 가지 색깔이 만나면 또 다른 색깔을 만들어내는 매력이 있다. 아이들은 맘껏 놀면서 자신이 흥미 있는 것을 결정하고 집중하는 법을 스스로 배우고 연습한다. 뽀르파트재 미술에서 하는 '기발한 물감 놀이의 날'에 아이들이 물감 기법을 스스로 고르면 주도적으로 활동하면서 팀원들과 소통하고 더 좋은 활동으로 이어간다.

예를 들어서 3라운드에서 '레고 자동차 경주' 활동을 할 때 아이들은 무언가 아쉬워하면 이렇게 질문했다. 준호는 "선생님, 레이싱장에 옆에 관중석을 만들어주면 어떨까요?"라고 말하자, 영채는 "저는 레이싱장에 멋진 깃발들을 세워주고 싶어요."라고 말했다. 이렇게 아이들의 생각은 확장했고, 자유롭게 표현해보라는 말에 아이들은 신이 나서 레이싱장을 꾸미며 상상력을 키워나갔다.

아이들은 놀면서 배운다. 놀이에 목적이 더해지지 않을 때 놀이의 기쁨을 발견하게 된다. 핀란드의 한 유아교육학과 교수는 "놀이는 인생이라는 집을 짓는 데 재료가 되는 벽돌을 제공하는 것, 놀이가 제공한 인생의 벽돌로 아이들은 자신의 미래를 지어나가는 것"이라고 말했다. 그렇다면 아이들에게 어떠한 벽돌을 제공해야 할까? 벽돌을 고르는 주체가 아이들이 되도록, 주도적이고 창의적인 아이가 되도록 환경을 만들어주는 것이 필요하다. 지금부터 시작하자. 먼저 가정에서 부모들이 아이들에게 세상을 배우고, 몸도 마음도 성장할 수 있는 정답이 없는 놀이로 마음껏 놀게 하자!

물감 활동 - 1라운드

물감 경주 - 입으로 불기

준비물

물감, 전지

방법

1. 전지를 준비하여 바닥에 깔아놓는다.
2. 전지 위에 물감을 팀별로 떨어트린다.
3. 시작을 알리면 각 팀에서 순서대로 한 명씩 나와 물감을 입으로 분다.
4. 가장 멀리 물감이 나간 팀 순서로 순위를 정한다.

물감 활동 -2라운드

색깔 물감 비가 내려요 - 물감 흘리기

준비물

물감, 화지, 신문, 붓, 물통

방법

1. 팀별로 물감 색깔을 정한다.
2. 화지를 바닥이 아닌 벽면에 세워둔다. 이때 물감이 흘러내릴 수 있으니 바닥에 묻지 않도록 바닥에 신문지를 깔아둔다.
3. 물감에 붓을 담가서 화지 위에서 색 물감을 흘린다.
4. 물감이 가장 먼저 흘러내린 팀 순서로 순위를 정한다.

tip

물감 흘리기를 할 때는 물을 많이 섞어야 물감이 잘 흘러내린다.

물감 활동 - 3라운드

레고 자동차 경주-물감 모양 찍기

준비물

물감, 레고 자동차(미니 자동차), 전지

방법

1. 자동차 바퀴에 물감을 묻힌다.
2. 바닥에 전지를 길게 깔아놓는다.
3. 출발 신호를 알리면 자동차를 출발시킨다. 자동차 바퀴가 지나가면서 바퀴 선이 그려지는 모습을 관찰한다.
4. 결승선 안에 먼저 들어오는 자동차가 승리한다. 먼저 들어오는 팀 순서로 순위를 정한다.

tip

1~3라운드까지 합쳐서 순위를 알아본다. 1~3등 모두에게 준비한 상품을 전달한다. 상품으로 아이들이 좋아하는 스낵이나 비타민, 젤리 등을 준비하면 재미있는 활동 후에 작은 행복을 누리는 시간으로 인기가 만점이다.

4장

스토리텔링으로 마음을 배우고 치유하는 미술 수업

솔직한 마음을 털어놓는 아이들

쿠슐라가 알려준 그림책의 힘

내가 아이들과 하는 미술 수업에 독서 수업을 넣게 된 계기는 《쿠슐라와 그림책 이야기》(보림, 1997)을 읽고 나서다. 이 책은 외할머니이자 저자인 도로시 버틀러(Dorothy Butler)가 장애아인 손녀의 성장 과정을 객관적이고 통찰력 있게 분석한 교육학과 학위 논문을 책으로 출간하면서 세상에 소개되었다.

책의 주인공 '쿠슐라'는 선천적인 장애를 가지고 태어났고, 쿠슐라의 부모는 정상아보다 발달이 많이 뒤떨어지고 밤낮으로 깨어 있는 쿠슐라를 위해 곰곰이 생각하다가 태어난 지 4개월 때부터 책 보여주기 시작했다. 절망에 빠져있었지만, 무언가라도 해보자는 마음으로 시작한 책 읽기였고 쿠슐라는 책을 보려고 귀를 기울였다. 그렇게 쿠슐라의 성장 단계에 맞춰 그림책을 읽어주고 아이가 관심을 느끼는 책들을 끊임없이 읽어주었다.

이 책은 쿠슐라가 태어나고 그림책을 읽으며 보낸 대략 4년의 이야기가 담겨 있다. 아이를 품에 꼭 안고 책을 읽어준 부모 덕분에 아이의 언어 발달, 지능, 정서 발달에 큰 영향을 미친 감동적인 내용으로, 그림책이 아이의 삶을 얼마나 확장해주고 풍요롭게 해주었는지에 대해 알 수 있다. 이후 미술 수업을 통해 아이들이 그림책과 친밀함을 쌓을 수 있도록 한 달에 한 번씩 독서 수업을 하게 되었다. 나는 아이를 키우는 모든 부모가 이 책을 한 번쯤은 꼭 읽어봤으면 한다. 쿠슐라가 그랬듯이 책은 아이들과 세상을 잇는 다리 역할을 해줄 것이다.

> "자기가 태어나기 전보다, 세상을 조금이라도 살기 좋은 곳으로 만들어놓고 떠나는 것."
>
> – 랠프 월도 에머슨(Ralph Waldo Emerson), 〈무엇이 성공인가?〉

에머슨이 시로 표현했듯이 아이를 키우며 미술 과목을 가르치는 교사로서 어른들의 몫은 아이들이 앞으로 살아갈 세상을 현재보다 나아진 세상으로 만들어야 한다는 책임감과 의무감이라는 것을 잊지 말고 노력해야 한다는 것이다.

아이들과 함께 책을 읽는 것만으로도 생각하는 힘, 몰입의 즐거움, 상상하는 힘을 키울 수 있다. 무엇보다 독서 수업을 통해 아이들이 책 읽는 즐거움을 경험하기를 바란다. 책을 좋아하는 사람으로 성장하도록 돕고 더불어 사는 기쁨을 알게 하고 싶다. 책이 아이들에게 말을 걸어올 수 있기를 기대하며 책을 꾸준히 가까이 하다 보면 아이들의 마음도 어느새 열릴 것을 믿는다. 미래를 꿈꾸고 설계할 수 있는 성장의 보물인 책 꾸러미를 하나씩 펼쳐보자.

그림책 산에 오르는 아이들

우리 아이들이 다섯 살, 일곱 살 때의 일이다. 각자 읽을 책을 꺼내다가 책장에 있던 책 몇 권이 와르르 쏟아져 내렸다. 아이들은 그 모습에 어떤 영감을 받았는지 책장에 꽂힌 책들을 한 권, 두 권씩 꺼내더니 어느새 거실 한가득 책을 쌓기 시작했다. 순식간에 책 산이 만들어졌다. 이 모습을 본 아이들은 뭐가 좋은지 깔깔거리며 "그림책 산이다."라고 외쳤다. 이 모습을 지켜본 나는 조금 당황했지만, 기왕 이렇게 된 것 하며 "우와~ 멋지다! 드디어 책 산에 오르신 걸 환영합니다."라며 아이들과 함께 즐거운 그림책 산 놀이를 했다.

이러한 일상 속 상상력은 재미, 즐거움, 우연으로 만들어지고, 이 경험들이 쌓여 풍성한 생각이 가득해지고, 생각이 재료가 되어 창의력으로 피어난다. 그리고 책은 모든 상상력의 원천이 되며, 책을 통해 과거와 만나는 시간 여행자가 될 수 있다. 가보지 못한 곳을 가보고, 만나지 못한 사람을 만나는 경험을 할 뿐 아니라 다양한 문제를 해결할 수 있는 능력을 기를 수 있는 좋은 수단이 된다.

나는 우리 아이들은 물론이고 많은 아이들에게 좋은 책을 통해 생각하는 힘을 키우고, 타인을 사랑하는 법을 배우며, 좋은 친구들을 만나길 바란다. 미술 수업 시간에 책을 읽고 아이들과 많은 이야기를 하는 이유가 여기에 있다.

패널시어터 동화책이 생겼어요

내가 아이들에게 수업 시간에 꼭 물어보는 질문이 있다. 형제자매가 있는지 물어보고, 외동, 형제, 남매, 자매의 장점들을 각각 물어본다. 그러고 나서는 동생이 있는 아이들에게 다시 질문한다.

"얘들아, 선생님은 언니도 있고 동생도 있단다. 혹시 동생 있는 사람 다시 손 들어볼래?"

아이들이 손을 들면 나는 그 아이들에게 질문한다.

"동생이 있어서 좋은 점은 무엇일까?"

"내 동생은 제 심부름을 아주 잘 들어줘요."

"태어난 지 얼마 안 된 아기여서 인형처럼 너무 귀여워요."

"혹시 동생 때문에 힘든 경험 있니?"

"저요. 엄마가 동생 보느라 만날 저한테 이거 가져와라! 저거 가져와라 시켜요."

"동생이 너무 졸졸 따라다녀서 너무 귀찮고 짜증 나요."

"그랬구나. 동생이 있어서 좋기도 하지만 힘든 적도 많이 있었구나. 오늘은 너희처럼 동생 때문에 힘든 친구의 이야기 동화책을 함께 읽고, 재미있는 활동도 해보자."

동생 이야기를 시작하기 전에 사전 활동으로 패널시어터 동화 만드는 시간을 갖는다. 패널시어터란 '피페이퍼(Ppaper, 특수 부직포 종이)'에 그림 인형을 붙였다 떼었다 하면서 움직임을 직접 만들어 보는 것을 말한다. 아이들의 동작 교육을 위한 좋은 놀이 수업으로, 스스로 그림 인형을 만드는 것부터 시작해서 이야기를 구연한다. 아이들은 '미술 수업도 하면서 이야기를 만드는 시간'도 가질 수 있어 복합적인 놀이 수업으로 활용할 수 있다.

자기의 형제 스토리를 만들자

패널시어터 동화 만들기를 한 후에는 아이들의 형제 관계에 따라 자기만의 이야기를 만들어가는 활동으로 이어간다. 외동, 맏이, 둘째, 막내 등으로 나눠 각자 집에서 겪었던 슬픈 이야기, 억울한 이야기, 반대로 형제나 자매들을 약 올려서 성공한 이야기 등을 만들게 하면 아이들은 매우 흥미진진하게 자기 이야기를 풀어놓는다. 아이들의 이야기를 다 들은 뒤에 차례대로 발표 시간을 갖는다. 다음은 아이들이 발표한 사례이다.

책임감으로 어깨가 무거웠던 소연이

소연이는 일곱 살 유치원 아이이다. 세 살 남동생 지민이가 태어나기 전까지는 부모의 사랑을 독차지하였다. 일곱살 소연이는 여자 특유의 배려심이 있고 침착해 동생을 잘 돌보는 아이이다. 평소 미술 수업에서도 차분하게 앉아서 수업을 잘하는 편이다. 그런데 소연이가 수업을 시작할 때 지민이에 대해 말하면서 커다란 눈에 그렁그렁 눈물이 맺히고 울먹이면서 "동생 지민이가 좋기도 하지만, 싫기도 해요."라고 털어놓았다. 지민이는 동생이 태어나서 좋기도 했지만, 동생을 돌봐야 한다는 책임감을 느꼈던 것 같다. 소연이 마음속에 있는 감정을 패널시어터로 만들며 들어다보았다. 소연이가 만든 패널시어터에는 엄마, 동생, 소연이가 나왔다.

엄마 : 소연아, 기저귀 좀 가져다줄래?

소연 : 내가 지민이 기저귀를 가져다 주려다 그만 기저귀 옆에 우유병을 쏟았어요.

엄마 : 휴, 만지지 마! 저리 가 있어.

소연 : 잠자는 지민이를 쳐다보다가 너무 귀여워서 얼굴을 쓰다듬어주었어요.

엄마 : "소연아, 만지면 안 돼. 아기가 자고 있잖니?" 하며 엄마가 나에게 화를 냈어요.

소연 : 나는 정말 화가 나서 동생 지민이를 책상 밑으로 데리고 왔는데 지민이가 갑자기 시끄럽게 울기 시작했어요.

엄마 : 소연아! 도대체 왜 그러니? 아직 어린 아기를 놀라게 하면 안 돼. 알았지?

소연 : 내 맘도 몰라주고 혼만 내는 엄마 때문에 나는 침대에 올라가서 엉엉 울고 말았어요.

소연이가 이야기를 마친 후 나에게 이렇게 말했다.

"선생님, 동생이 태어난 다음부터 엄마가 내 이름 대신 '만지지 마! 안 돼!'라고 부르기 시작했어요."

"우리 소연이가 정말 속상했겠구나. 동생때문에 많이 힘들었겠네."

나는 소연이를 꼭 안아주었다. 가슴에 안긴 소연이는 "선생님, 저는 악마인가 봐요. 지민이가 귀엽지만 엄마, 아빠가 지민이만 예뻐하는 것 같아 지민이가 너무 미워요."

수업이 끝나고 소연이 어머니와 전화로 오늘 수업에 관해 이야기를 나누었다. 아이의 수업을 담은 동영상을 어머니에게 보내주면서 "어머니, 소연이에게 이런 마음이 있었나 봐요."라고 얘기해주었다. 어머니는 "소연이가 이런 마음을 가질 수도 있었을 텐데. 동생이 세 살이다 보니 제가 미처 소연이의 마음을 못 돌봤네요."라고 했다. 어머니는 소연이가 동생이 생긴 후부터 돌발적인 행동을 해서 한편으로 걱정도 되었고 미안한 마음도 들었는데 미술 수업에 가서 마음을 표현하고 정서적 상호작용을 할 수 있어서 고맙고 다행이라고 하셨다.

형이랑 놀고 싶어서 형의 사랑이 고팠던 호민이

초등학교에 입학한 여덟 살 호민이와 초등 4학년 형인 태민이가 미술을 배우러 왔다. 두 형제는 성향이 너무도 달랐다. 동생은 감정적이고 활동적이었다. 반면에 고집쟁이였다. 형은 이성적이면서도 침착하였고 말수가 적고 수줍음이 많았다. 특히 형제 모두 일반 학원에 가는 것을 너무 꺼렸는데 어머니와 상담 후 아이들도 홈스쿨 미술 수업을 찬성하여 즐겁게 다녔다. 부모님이 맞벌이해서 형이 동생을 늘 데리고 다녀야 했다. 동생은 늘 형이 하는 것을 따라 하려고 애썼고 마음대로 되지 않으면 형에게 짜증을 냈다. 이런 형은 미술 수업을 올 때마다 동생을 데리고 다니는 것이 때론 버겁고 힘들었다. 특이한 점은 호민이의 패널시어터에는 형 태민이의 얼굴이 친구와 놀러 나간 형, 혼자 공부하는 형, 책 읽는 형 총 세 가지나 있었다.

동생 : 형, 나랑 같이 블록 놀이 하자! 응?

형 : 안 돼. 형 지금 바빠.

동생 : 왜 안 되는데 형은 만날 나랑 안 놀아주잖아.

형 : 귀찮게 하지 말고 저리 가. 잠시 뒤에 수업하러 가야 해.

동생 : 힝, 난 형아 때문에 너무 속상해.

형 : 빨리 가자, 호민아!

동생 : (형을 따라 나오며) 형아, 내 신발 끈이 풀어졌어. 도와줘.

형 : 어휴, 바보같이 1학년이나 되어서 신발 끈도 혼자 못 묶냐?

동생 : 형도 못 하는 거 있잖아. 엄마한테 다 말할 거야.

형 : 일러라 일러. 만날 아기같이 엄마한테 고자질이나 하구.

동생 : 난 형이 정말 싫어. 만날 잘난 척만 하잖아.

위의 예시는 동생 호민이의 이야기이다. 형이 싫다고 하면서도 늘 형을 따라 하기를 좋아하는 동생은 미술 수업 중에 나에게 한 번씩 속마음을 털어놓는다.

“호민아, 왜 이렇게 형 얼굴이 많아?”

“저는 형한테 놀아달라고 하는데 형은 만날 뒷모습만 보이고 나랑 놀아주지 않아요.”

“저런, 호민이가 많이 속상하구나.”

호민이의 마음을 달래주고 이날 형 태민이에게 호민이가 만든 패널시어터를 보여주었다. 침착하고 말이 없던 태민이는 동생 호민이의 패널시어터 작품을 보고는 얼굴이 붉으락푸르락해졌다. 그날 태민이는 호민이의 손을 슬그머니 잡고 집으로 돌아갔다. 그날 이후 두 형제를 잘 관찰해보니 태민이가 호민이를 대하는 태도가 예전과는 많이 달라졌다. 아이들과 상상 속의 인형을 만들어보며 자신의 마음을 패널시어터로 표현하게 하면 아이들은 거침없이 이야기한다. 앞에 예시한 소연이와 지민이, 호민이와 태민이 사례 말고 외동인 아이도 자신에게도 동생이 생기면 좋겠다는 이야기를 솔직하게 말했고, 형제가 많아 중간에서 치이는 아이는 마음속에 슬픔을 털어놓았다.

마음의 창문을 열어주는 그림책

아이들과 그림책을 통해 떠나는 신나는 여행은 아이들의 머릿속을 헤엄치는 생각을 상상력과 창의력이라는 에너지로 무궁무진하게 발산시킨다. 멋지고 웅장한 세계적인 박물관이나 미술관에 가지 않아도 세계를 담아놓은 수많은 그림책을 만나면서 아이들에게 깊은 인상과 감동을 경험하게 할 수 있다.

아이들과 패널시어터라는 흥미로운 재료로 캐릭터와 패널 북을 만들었다. 자신의 스토리를 구성하여 구연하는 과정들을 통해 아이들만의 속마음을 읽어주고 다독여주는 값진 시간이 되었다.

쿠슐라에게 그림책이 상상의 자유를 선사했듯이 아이들에게 그림책을 계속 읽혀야 한다. 혼자인 아이, 형제가 많은 아이 모두 책을 읽으며 경험하고 느끼는 것처럼 행복한 배움의 순간들이 더 많아지길 바란다. 쿠슐라의 부모가 그랬듯이 아이를 꼭 끌어안고 책을 읽어주는 시간을 아이들은 기다리고 있다는 것을 기억하자. 아이들 마음의 창문이 열리는 순간 아이들에게는 비밀이 사라지고 마음의 이야기를 풀어낸다.

패널시어터 활동

'내 동생 싸게 팔아요' 동화 만들기

임정자 작가의 《내 동생 싸게 팔아요》(아이세움, 2006)를 읽고 패널시어터 만들기를 해보자. 초등 3학년 국어1 교과서에 수록되기도 한 이 이야기는 동생이 생긴 형 짱짱이가 부모님의 사랑을 빼앗겼다고 느낀 고뇌가 자연스럽게 녹아 있어 맏이들에게 큰 공감을 불러일으킨다.

아이들 준비물

피페이퍼 8절 크기 한 장, 유성 매직, 네임펜, 가위, 연필, 등장인물 도안, 동화책

교사 준비물

패널북, 패널시어터 동화, 동화 배경판, 이젤

방법

1. 교사가 《내 동생 싸게 팔아요》를 패널시어터 동화로 들려준다.
2. 그림 동화책을 보여주며 아이들에게 소개한다. 패널시어터 동화를 듣고 나서 '누나 짱짱이가 왜 동생을 시장에 팔려고 했을까?' '누나 자전거 뒤에 타고 있던 동생의 기분은 어땠을까?' '만약 내가 짱짱이라면 시장에 파는 방법 말고 어떤 방법 취했을까?' 등 아이들의 반응, 동화 속 등장인물, 감상, 느낌 등에 대해 이야기를 나눈다.

3. 패널시어터 동화, 재료, 제작 방법에 대해 간단히 설명한다.
4. 도안 위에 피페이퍼를 올려놓고 연필로 따라 그린다.
5. 연필로 그린 도안을 네임펜으로 윤곽선을 그리고 유성 매직으로 채색한다.
6. 채색한 것을 가위로 오린다.
7. 패널북에 동화 제목과 이름을 써서 완성한다.
8. 각자가 만든 패널북 위에 등장인물을 붙여가며 자신의 이야기를 만들어 동화를 구연해본다.

tip

패널북은 아이들이 수업 시간에 만들기에 시간과 과정이 소요돼서 연령대와 시간을 고려해 교사가 기본적인 패널북을 준비해오거나, 아이와 함께 패널북 제작을 만들지를 선택하기를 바란다.(피페이퍼, 패널시어터 융, 판넬 등 패널시어터 재료 인터넷에서 구입 가능.)

여자와 남자는 어떻게 달라요?

나는 왜 여자고 쟤는 왜 남자예요?

아이들은 세네 살이 되면 신체에 대한 자각이 생기기 시작하며 자기 몸에 관한 질문을 많이 한다. "엄마, 왜 나는 고추가 없어?", "엄마, 엄마한테 있는 이건 뭐야?" 엄마에게는 없는 고추가 남동생에게 있고 왜 나에게는 없는지, 엄마의 가슴은 불룩한데 왜 아빠는 평평한지 등 호기심이 많아지는 것이다.

이맘때 아이들에게 나는 남자와 여자의 신체적인 특징을 재미있게 표현한 구전동화를 들려준다. 바로 《꼬꼬의 하얀 알》이다. 유아교육 사이트인 깨비키즈에서 제공하는 동화로, 꼬꼬와 꼬봉이라는 귀여운 병아리들이 자라면서 서로 생김새가 수컷, 암컷의 특징으로 달라지는 과정을 재미있게 그린 이야기다. 꼬꼬는 암컷, 꼬봉이는 수컷인데 병아리일 때는 서로의 다름을 잘 느끼지 못하다가 성장하면서 수컷 꼬봉이는 벼슬이 생기고 몸도 커지고, 수컷의 멋진 모습을 부러워하던 암컷 꼬꼬는 알을 낳아 수컷인 꼬봉이의 부러움을 산다는 이야기다. 구전동화의 생생한 감동을 살리기 위해 장갑으로 만든 입체 동화를 선택했다.

여자와 남자가 해야 할 일은 따로 정해져 있지 않아요

장갑으로 만든 《꼬꼬의 하얀 알》을 아이들에게 입체 동화로 들려준 뒤, 티에리 르냉(Thierry Lenain) 작가의 그림책 《여자만 드레스를 입어야 해?(사랑이에게 물어봐! 2)》(내인생의책, 2014)를 소개해주었다. 이 책은 드레스보다 축구공을 좋아하는 사랑이가 주인공이다. 사랑이와 친구 막스는 마트에 가서 쇼핑하는데 여자인 사랑이보다 남자인 막스가 오히려 드레스에 눈을 떼지 못하고 사랑이가 드레스를 입으면 예쁠 거라고 기대한다. 사랑이는 막스가 드레스를 먼저 입으면 자기도 입겠다고 한다. 드디어 막스가 드레스를 입자 사랑이가 막스를 놀려먹으려는 생각과 달리 너무 잘 어울려 감탄한다. 사랑이도 막스와 약속을 지키기 위해 하는 수 없이 드레스를 입는다. 기대와는 달리 사랑이는 드레스가 어울리지 않자 막스 역시 깜짝 놀란다. 남녀 신체는 어떻게 다른지를 넘어서 성별에 얽힌 편견과 잘못된 시선을 바로잡아주는 책이다. 우리 아이들의 마음을 키워주고, 아이의 시선을 통한 흥미 있는 이야기를 통해 성교육의 문을 활짝 열어줄 수 있는 동화이다.

우리 미술 수업에서는 가끔 아이들과 함께 영화도 보는데, 그

날은 〈빌리 엘리어트〉를 보여주었다. 영국 북부의 탄광촌에 사는 열한 살 소년 빌리가 복싱을 배우러 가는 체육관에서 우연히 발레 수업을 보고 이후 발레 선생님 윌킨슨 부인의 도움으로 발레 수업을 받으면서 재능을 발견하는 성장 영화이다. 처음엔 빌리 아버지의 반대가 있었지만, 결국은 예술에 대한 열정과 꿈을 꾸는 아들을 지지해준다.

여자와 남자의 성별에 따른 구분 없이 자유롭고 당당하게 행동하는 이야기는 아이들이 이번 주제에 대해 유연하게 생각하는 데 도움이 되었다. 아이들은 편견이 없다. 아이들의 편견은 모두 어른들이 심어준 것이라 해도 과언이 아니라는 것을 나는 아이들을 가르치면서 시시때때로 느끼곤 한다.

축구하는 여자아이

미술 수업하는 아이 중에 다솜이라는 예의 바르고, 성격이 똑부러지며, 활달한 초등학교 4학년 여자아이가 있다. 다솜이는 연년생 5학년 오빠가 한 명 있다. 그런데 친할아버지, 친할머니가 손자와 손녀를 대하는 방식이 너무도 확연하게 달라 부모도 인지할 정도였고, 이에 따라 다솜이의 어머니도 많이 속상해했다. 4차 산업 운운하는 시대에 무슨 고리타분 이야기냐고 할지 몰라도 아직도 우리 주변에는 가부장적인 생각을 지닌 어른들이 있다. 다음은 아이가 동화를 구연한 후 대화한 내용이다.

다솜 : 엄마, 오늘 축구 경기가 있었는데 우리 팀이 2:1로 이겼어요.

엄마 : 정말 축하해, 다솜아! 할아버지랑 할머니 오셨어.

다솜 : 할아버지, 할머니 오셨어요? 안녕하세요?

할아버지 : 다솜이가 축구를 한다고? 남자들이나 하는 축구를 여자가 한다고?

엄마 : 다솜이는 학교에서 방과 후 활동으로 하는 거예요.

할머니 : 에구, 여자면 얌전하게 피아노나 배우든지……. 쯧쯧

다솜 : 할머니, 할아버지 요즘 여자라고 못하는 게 어딨어요?

할아버지 : 다솜아! 할아버지는 다솜이가 축구 안 했으면 좋겠다.

다솜 : 할아버지, 축구 국가대표가 되는 게 제 꿈이에요.

할머니 : 다솜아, 그럼 못써요. 할머니도 여자다운 걸 했으면 좋겠다.

엄마 : 어머님, 아버님! 다솜이가 축구를 참 좋아하고 잘해요.

다솜이는 초등학교 축구부로 열심히 축구를 배우는 아이다. 그런데 할머니, 할아버지는 여자가 무슨 축구냐고 말한다. 다솜이는 "선생님, 할아버지랑 할머니는 왜 여자와 남자가 할 일이 따로 있다고 하는 걸까요? 여자라 축구를 하면 안 된다고 하세요."라고 말했다. "다솜아! 사람마다 모두 생각하는 게 다르단다. 하지만 여자여서 축구를 못한다는 것은 옳지 않아. 빌리도 복싱 대신 발레를 하면서 힘든 시간이 많았지만, 끊임없이 도전해서 꿈을 이뤘잖아.

그러니까 다솜이도 끝까지 힘내자! 선생님은 다솜이를 믿는단다." "네, 선생님! 꼭 열심히 해서 여자 축구선수가 될 거예요." 그 뒤로 다솜이는 축구를 더 열심히 했고 국가대표라는 꿈을 지금도 키워 나가고 있다.

평소에 늘 밝고 긍정적인 아이로만 보였는데, 자신의 목소리를 당당하게 얘기하던 다솜이가 가족으로 인해 속상했던 경험들을 봇물 터지듯이 쏟아내는 모습에 놀랐다. 다솜이와 나눈 대화를 통해 아이들에게 비칠 어른의 모습들을 되돌아보는 계기가 되었다.

아이들의 오감을 자극하는 책 읽기

그림책을 눈으로만 읽는 아이가 있는가 하면, 오감을 이용해 보고, 듣고, 만들고, 재료를 냄새 맡고, 느낌으로 달콤함을 맛보는 '오감 책 읽기'를 하는 아이들도 있다. 패널시어터 동화뿐 아니라 '관절 인형 만들기' 활동을 통해서 아이들에게 생생한 동화를 들려주었더니 무척이나 신기해했다. 자기만의 동화가 완성되자 아이들은 동화작가가 된 듯이 이야기를 만들고 들려주며 이야기 속에 몰입했다.

지금은 세대 간의 벽이 허물어진 시대이다. 그렇지만 아직도 가끔은 할아버지 할머니 중에서 여자와 남자를 구별하고 차별하는 경우를 볼 수 있다. 그리고 그림책에서도 고정된 남녀의 역할이 드러나는 경우도 볼 수 있다. 예를 들면 여자아이와 남자아이를 일정한 색으로 표현하는 것이다. 분홍색은 여자 색, 파랑은 남자색 등으로 표현하는 것은 유연한 사고와 세계관을 키워야 할 아이들에게 좋지 않다. 아이들에게 남자와 여자의 다름을 제대로 이해시키고, 차별이 아닌 능력에 따른 기회와 권리를 골고루 주는 사회가 되어야 한다. '나'를 존중하는 노력과 더불어 타인을 존중할 때 앞으로 아이들이 살아갈 사회는 더 밝고 건강할 것이다.

《꼬꼬의 하얀 알》 수업을 마치고 수줍음이 많았던 아이가 조용히 다가와서는 "선생님, 다음 달에는 어떤 동화 수업을 하나요? 빨리하고 싶어요."라고 귓속말로 하고는 조르르 달려 나갔다. 한 아이는 이렇게 말했다. "선생님, 전 여자인데 공룡하고 로봇만 좋아해서 엄마가 만날 걱정했는데, 엄마에게 오늘 사랑이와 막스 이야기와 빌리 엘리어트 이야기를 들려줘야겠어요."

아이들의 적극적인 피드백들과 표정만 봐도 그날 수업이 어땠는지를 알 수 있다. 수업을 마치고 얼굴 가득 미소를 머금고 가는 아이들의 뒷모습을 볼 때가 가장 행복하다.

입체동화 활동 1

꼬꼬의 하얀 알 만들기

준비물

면장갑, 고무줄, 펠트지나 부직포, 가위, 연필, 솜, 글루건, 눈알 두 개, 유성 매직

방법

1. 교사가 《꼬꼬의 하얀 알》 이야기를 들려준다.
2. 면장갑 위에 펠트지로 벼슬, 깃털, 부리 모양을 연필로 그린 뒤 가위로 오린다.
3. 면장갑의 엄지손가락을 제외한 손가락 네 개에 유성 매직으로 꾸민다.
4. 면장갑에 솜을 넣는다. 면장갑 입구를 고무줄로 묶는다.
5. 2번에서 오려둔 펠트지와 눈알을 글루건으로 붙인다.
6. 각자 만든 작품을 함께 감상하며 서로 느낌을 나눈다.
7. 자신의 이야기로 이야기를 만들어 동화를 구연해본다.

입체동화 활동 2

축구하는 사랑이와 빌리 엘리어트 관절 인형 만들기

사랑이나 빌리처럼 자기가 하고 싶은 운동을 마음껏 몸을 움직여서 하듯이 오늘은 종이로 관절 인형을 만들어 자유롭게 표현해보자고 한다.

준비물

크라프트지(두꺼운 종이), 네임펜, 송곳, 가위, 와이핀, 색연필 또는 유성 매직

방법

1. 사랑이, 막스, 빌리 등 원하는 등장인물을 정한다.
2. 얼굴, 목, 팔, 다리, 몸 등을 따로따로 크라프트지에 그린다.
3. 네임펜으로 윤곽선을 그린 뒤 채색한다.
4. 채색한 그림을 오린다.
5. 관절이 되는 곳에 송곳으로 구멍을 뚫는다.
6. 관절과 관절 사이에 와이핀을 연결한다.
7. 완성된 관절 인형을 움직여본다.

책과 함께 쑥쑥 크는 것은 자존감!

미술 시간에 열리는 특별한 도서관

우리 미술 수업에서 아이들과 자주 하는 놀이가 있다. 바로 '도서관 놀이'다. 좋은 책을 재미있게 읽고 많이 접하게 하려면 아이들에게 읽고 싶은 마음이 생기도록 해야 하는데 '읽어라! 읽어라!' 말로만 반복하는 것으로는 독서 습관을 기르기가 쉽지 않다. 어른이 좋은 책을 아이들에게 읽어주면서 다양한 이야기를 나누는 것이야말로 책과 친해지는 지름길이다. 그래서 우리 미술 시간에는 도서 대출증도 만들고, 5~15권 등 단계별로 스탬프 찍기나 스티커를 붙여서 아이들이 이를 완성할 때 작은 상을 주고 격려한다.

도서관 놀이로 할 수 있는 수업은 다양하다. 단순히 책을 대출해주고 받는 것을 넘어서 독서 수업과 연계해서 할 만한 다양한 활동들을 이어가는 데 중점을 두므로 독서 감상화 그리기, 북아트 만들기, 책 광고 만들기, 액자에 그리기, 마인드맵 만들기 등의 창의적인 독후 활동으로 책 읽는 즐거움을 맛보게 한다. 가장 먼저 할 일은 도서 대출증 만들기다. 나는 우선 아이들에게 각자 먹은 과자 포장지나 영수증 등에서 바코드를 오려서 가지고 오라고 한다. 그런 뒤 대출증 카드에 아이들 사진을 붙이고 그 밑에 이름을 적고 바코드를 풀로 붙여 도서 대출증을 만들어주었다.

마지막에는 '안녕 도서관'이라는 작은 간판을 만들어 책장 앞에 붙여주었다. 아이들끼리 가위바위보로 사서와 손님을 정하고 도서관 놀이를 시작한다. 놀이로 시작한 책 읽기 활동이 어느새 아이들에게는 익숙한 일상이 되었다. 3학년 아민이는 책을 읽은 후 독서록을 강요하는 엄마의 잔소리가 너무 싫어서 책 읽는 것을 한동안 멀리하고 있었다. 그 무렵 미술 수업에 오면 책을 재미있게 읽어주고, 아이들과 읽은 책에 대해 자유롭게 자기 생각을 독서 감상화로 그리는 수업을 했다. "선생님, 오랜만에 친구들과 책 이야기

도서관 놀이에 사용할 나만의 도서관 회원증

도 하고 뒷이야기를 상상해서 그려보니 너무 재미있었어요."라며 그 뒤로도 아민이는 가장 열정을 가지고 독서 활동을 했다. 아래에서 독서를 통한 독후 활동 연계 프로그램을 살펴보자.

자존감을 키우는 독서 감상화

동화책의 주인공 카밀라를 강하고 원색적인 색채로 그린 표지가 눈길을 끌어 《줄무늬가 생겼어요》(데이비스 섀논, 비룡소, 2006) 책을 눈여겨보았다. 특히 작가가 《안 돼, 데이빗!》으로 사랑받는 유명한 데이비스 섀논의 작품이라는 점, 그림책의 내용도 매우 흥미로워서 독서 수업 책으로 선정하게 되었다. 줄거리는 지나칠 만큼 다른 사람의 시선을 신경 쓰느라 자신이 하고 싶은 일을 하지 못하여 줄무늬병에 걸린 여자아이 카밀라의 이야기다.

카밀라는 아욱 콩을 무척 좋아하는 아이다. 그런데 친구들이 아욱 콩을 싫어한다는 것을 알고는 자신도 아욱 콩을 싫어하는 '척'한다. 다른 사람이 자신을 어떻게 생각하는지 신경 쓰이는 탓이다. 그렇게 좋아하는 것을 억지로 밀어내다 보니 카밀라에게 줄무늬병이 생겼다. 카밀라 부모님은 이 병의 원인을 알지 못한다. 원인을 알지 못하기는 카밀라도 마찬가지다. 자기 마음을 밀어낸 탓에 병이 생긴 것을 미처 모르고, 점점 이상한 모습으로 변해가는 자신을 마주한다.

병을 고치기 위해 온갖 방법을 썼지만 낫지 않고 점점 이상한 모습으로 변해가던 어느 날 할머니가 아욱 콩을 자연스럽게 건네준다. 카밀라는 아욱 콩을 먹고는 원래의 모습으로 돌아온다. 좋아하는 것을 좋아한다고 말할 수 있는 카밀라의 용기가 이상한 증세를 마침내 고쳐준다.

독서 수업의 시작은 매우 자연스럽게 이어졌다. 《줄무늬가 생겼어요》를 읽어준 뒤 각자 동화책을 읽은 느낌을 말하는 시간을 가졌다. 나는 아이들에게 네 가지 질문을 하였다. 답이 정해져 있는 질문이 아니었고 아이들 각자의 생각을 펼쳐놓는 것이 목적이었다. 자기의 생각을 말로 표현해보는 시간이 중요하다고 생각했다. 질문의 내용을 정리하여 아이의 이름을 넣어 '○○○의 가치 사전'(예 : 다빈이의 가치 사전)을 만들고, 독서 감상화를 그려보았다. 아래에 세 가지 질문과 대답을 정리해 보았다.

• **질문 1** 동화책을 읽은 후 느끼는 감정 단어가 무엇일까?

→ 아이들의 대답에서 나온 감정 단어들은 놀람, 부끄러움, 감사, 안심, 슬픔, 용기, 긴장, 기쁨 등으로 매우 다양했다. 소연이는 '놀람'이라는 감정 단어를 선택했다. "선생님, 카밀라의 몸이 줄무늬로 바뀌다가 알약 모양, 물방울무늬 등으로 바뀔 때마다 저는 심장이 쿵 하는 것처럼 놀랐어요."라고 말했다. 재민이는 '안심'이라는 감정 단어를 선택했다. "아욱 콩을 먹고 원래대로 돌아온 카밀라를 보자 제가 다 안심이 되었지 뭐예요?"라고 말했다.

• **질문 2** 내가 만약 주인공인 카밀라처럼 줄무늬병에 걸렸다면 어떻게 했을까?

→ 봄이는 이 질문에 "선생님, 저는 우리 가족들에게 한 번이라도 저와 같은 무늬를 그려서 제 마음을 알아달라고 부탁할 것 같아요. 왜냐하면 혼자만 외계인 같은 모습을 하고 있으면 외톨이라는 생각이 들 것 같아서요."라고 말했고 이어서 성찬이는 "아, 생각만 해도 끔찍해요. 선생님! 제가 만약 줄무늬병에 걸렸다면 지구 끝까지 의사를 찾아가서 고쳐달라고 떼를 쓸 거예요."라고 말했다.

• **질문 3** 다른 사람의 시선을 신경 써야 할 때와 쓰지 않아도 될 때가 언제일까?

→ 다빈이는 "신경 써야 할 때는 여러 사람이 함께 사용하는 공간에서 예를 들어 식당이나 미술관 등에 갔을 때 다른 사람을 배려해야 할 때이고, 다른 사람의 시선을 신경 쓰지 않아도 될 때는 나만의 그림을 그리거나 혼자 생각할 때는 저한테만 신경 써도 된다고 생각해요."라고, 건이는 "위험에 빠졌을 때 다른 사람의 시선을 신경 쓰기보다는 빨리 사람을 구해야 하잖아요. 그리고 제가 좋아하는 여자 친구가 옆에 있을 때는 무척 신경이 쓰이는걸요! 좋아하는 사람은 신경을 써야 하는 것 아닐까요?"라고 말했다.

세 가지 질문을 한 뒤 아이들에게 자신이 생각하는 '용기'란 무엇인지 가치 사전에 적어보게 했다. 솔비는 내가 앉은 자리를 할머니에게 내어줄 수 있는 것, 승헌이는 길을 모를 때 누군가에게 물어보는 것, 시우는 친구가 어려움을 당할 때 기꺼이 다가가 도와주는 것 등 아이들은 저마다 다양한 답변을 적어놓았다.

나는 끝으로 "네가 그런 말을 하면 내가 너무 속상하고, 기분이 나빠. 앞으로 그런 말 하지 마."처럼 다른 사람이 놀리거나 화나게 할 때, 내가 어떤 기분인지 알려주는 것에 관해 설명해주었다. 이렇게 질문과 가치 사전을 정리하는 과정을 통해서 아이들은 각자의 생각을 정리하고 말할 뿐 아니라, 다른 친구들의 생각을 경청하고 공감하며 그림책을 통해 소통하는 방법을 배우는 시간을 가졌다. 아울러 아이들이 자존감을 키우는 중요한 활동이 되었다.

책 읽는 즐거움을 그리다

교육을 포함한 인간의 삶의 수많은 영역에서 '적기'가 있듯이 독서에도 '적기'가 있다. 책을 읽은 시기와 책의 내용은 분명 아이의 독서력에 중대한 영향을 미칠 것이다. 중요한 것은 주체가 되는 아이가 책 읽을 준비가 되었을 때 적기 독서가 빛을 발할 수 있다.

미술을 배우러 오는 아이들과 같은 동화책을 읽고서 토론할 때면 아이마다 각기 다른 상상의 세계를 펼치고 다양한 생각들이 나와서 깜짝 놀랄 때가 많다. 유난히 감성적인 미루는 자신이 주인공 카밀라처럼 줄무늬병에 걸리면 "저는 저처럼 줄무늬병에 걸린 사람을 위해서 줄무늬 마을을 만들고 싶어요. 줄무늬 병원, 줄무늬

놀이터, 줄무늬 옷가게, 줄무늬 빵집 등 그곳에 온 사람들에게 위로가 되는 예쁜 마을을 지어줄 거예요."라고 말했다.

바울이는 "저는 유튜브를 찍어서 의사들에게 자문하고, 줄무늬병에 대해 세상 사람들에게 알리고 싶어요. 병에 걸려 아픔이 있지만 노력하는 저의 모습을 유튜브에 올리면 희귀병으로 고통받는 환우들에게도 힘이 되고 도움이 될 테니까요."라고 말했다. 미루와 바울이는 타인에게 위로를 준다는 점에서는 같은 의도였지만 그것을 풀어내는 방법은 너무도 달랐다. 이렇듯 동화책을 통해 아이들의 마음에 근육이 생기고 확장되는 모습을 보면 교사인 나도 힘이 생긴다.

늘 그리던 흰 도화지 대신 사용한 스크래치 페이퍼라는 새로운 화지는 아이들의 흥미를 자극했고 재미를 더해 동화 수업의 연계 활동으로 더할 나위 없이 좋은 결과를 가져왔다. 틀에 박힌 독서록과 감상화가 아니라 아이들에게 즐거운 책 읽기 독후 활동의 문을 열어주었다.

아이들에게 더 넓은 세상을 보는 안목을 길러주고, 책 속에서 훌륭한 멘토를 만나기를 바라는 마음에서 시작했다. 수업 시간을 통해 아이들이 책 읽는 즐거움을 경험하면 좋겠다. 책을 통해 마음의 근육인 정서가 발달되고, 축적된 정서들로 창의적이고 긍정적인 아이로 성장하면 좋겠다.

도서관 200% 활용하기

일반적으로 도서관에는 여러 서비스가 있다. 첫 번째는 희망 도서를 신청할 수 있는데, 지역별 도서관별로 다르지만 도서관별로 1인 월 2~3권 이내 신청이 가능하다. 북스타트 책 꾸러미 선물이라는 서비스도 있다. 생후 3개월~취학 전 유아에게 무료 선물을 증정해주는 서비스다. 시행기관별로 꾸러미 구성에 차이가 있을 수 있다.

이외에도 문화강좌 등 독서문화 프로그램이 아동, 성인 등 연령별로 다양하게 준비되어 있고, 다양한 분야의 저자 강연회와 연극, 뮤지컬 공연을 진행하기도 한다. 경기, 서울 등 지역별로 대출 권수에 차이가 있다. 가족별로 도서대출증을 만들어 온 가족이 도서관 회원이 될 수 있다.

예를 들어 경기 안산은 1인당 자관 10권+타관 10권 총 20권 자료 대출이 가능하며 대출기한은 14일이다. 경기 화성은 1인 1관당 7권으로 통합 42권, 대출기한 14일이며, 경기 성남은 1인 6권, 대출기한 14일이다. 서울의 경우 1인 5권 대출기한 15일이다.

독서 감상 활동

내가 표현하는 동화의 뒷이야기

《줄무늬가 생겼어요》를 읽게 하고 아이들과 감상에 대해 이야기를 나눈 후 스크래치 페이퍼를 만들어보자.

준비물

스크래치 액자(16×13cm), 나무 액자, 스크래치 페이퍼, 끝이 뾰족한 어묵 꽂이나 이쑤시개

방법

1. 동화를 듣고 난 뒤에 동화의 뒷이야기를 상상한다.
2. 상상한 이야기를 스크래치 액자 위에 구성하고 표현한다.
3. 뾰족한 도구로 형태를 그려서 완성한다.
4. 각자가 완성한 동화 뒷이야기를 상상한 감상화를 보며 설명해준다.

tip

시중에 스크래치 페이퍼를 구매해도 좋고, 스크래치 페이퍼를 직접 만들어 사용해도 된다. 스크래치 페이퍼는 도화지에 여러 색깔 크레파스를 그린 뒤 검은색 크레파스로 전체를 칠해서 덮으면 만들 수 있다.

무슨 감정인지 저도 모르겠어요

감정에 이름표를 달아주자

유준이와 시윤이는 같이 수업하는 다섯 살 개구쟁이 친구이다. 수업을 통해서 만난 아이들인데 외동아들인 유준이는 미술 수업을 처음 받는 아이였고, 시윤이는 형을 따라왔다가 미술이 너무 재미있어 보여서 시작하게 되었다. 두 명의 악동인 남자아이들의 수업은 처음에는 좌충우돌 아이들의 힘이 넘쳐서 수업이 안정되기까지 시간이 필요했다.

수업을 시작한 지 얼마 안 되었을 때의 일이다. 풍선을 주제로 수업하면서 아이들에게 풍선을 두 개씩 나눠주었다. 그런데 유준이가 갑자기 시윤이의 파랑 풍선을 빼앗아 가버렸다. 시윤이는 너무 당황해서 앙~ 하고 울음을 터트렸다. 시윤이에게 다가가 "시윤아, 매우 속상했지?"라고 묻자 시윤이는 "선생님, 파랑은 제가 제일 좋아하는 색이에요."라며 억울한 마음을 털어놓았다.

"그래서 속상했구나. 선생님도 시윤이처럼 속상했을 거야." 나는 시윤이에게 이렇게 말하며 유준이를 바라보았다. 그러자 유준이는 머쓱한 표정으로 "나도 파랑을 제일 좋아해서 만져보기만 하려고 했는데……. 그것도 모르고 바보같이."라고 하는 것이 아닌가. 나는 유준이에게 다가가서 "유준아, 파랑 풍선이 마음에 들었구나. 그렇지만 이런 경우에는 유준이가 시윤이에게 '나 이거 만져봐도 될까?'라고 물어보면 어떨까?"라고 물어보면서 시윤이가 왜 그렇게 반응했는지 이해할 수 있도록 설명해주었다. 그러자 유준이는 곧장 시윤이에게 달려가더니 "시윤아, 난 파랑 풍선을 갖고 싶었어. 그런데 너한테 물어보지도 않고 가져가서 미안해."라고 했다. 그러자 시윤이도 유준이에게 "아까는 정말 기분이 나빴어. 하지만 네가 사과해서 마음이 풀렸어."라며 웃었다. 서로 갈등을 해결하는 두 아이의 마음이 예뻐서 나는 그 둘을 한참 바라보았던 기억이 있다.

긍정적인 감정도 중요하지만, 부정적인 감정 역시 중요하다. 두 아이 사이에 벌어진 사소한 일을 보고 나는 아이들이 자기 마음의 감정 상태를 알아차리도록 '감정의 이름표'를 달아주는 것이 필요하다고 생각했다. 감정 단어로 마음의 색깔을 표현하면 아이들은 좀 더 쉽게 자기감정을 바라볼 수 있다. 감정과 감정 사이의 색을 넉넉하게 만들어서 표현하면 아이들은 풍부하고 다채로운 감정을 표현할 수 있는 감정 부자가 될 수 있다.

두 아이들뿐만 아니라 미술 수업 시간에 아이들을 자세히 들여다보면 아이들은 서로 상처를 주기도 하고 받기도 한다. 어른들이 볼 때는 사소한 일이지만 아이들 사이에서는 꽤 심각하고 오래가는 때도 있으므로 그때그때 감정을 조절해주어야 한다.

이때 신기하게도 아이의 마음을 먼저 공감해주면 아이들은 스스로 해결책을 찾아간다. 시윤이와 유준이는 각자의 마음을 표현하고 서로의 마음을 알게 되었다. 유준이가 좋아하는 파랑 풍선과 시윤이가 좋아하는 노랑 풍선을 어느새 서로 바꾸어서 즐겁게 수업을 마무리하였다.

감정을 표현하는 방법

감정을 코치한다는 것은 매우 중요한 만큼 인내와 노력이 수반된다. 이는 관계의 소통에도 큰 영향을 미친다. 사람은 관계 중심으로 살아가며, 실제로 자기감정을 잘 다루는 사람이 행복할 수 있다. 감정의 색깔도 너무 다양하다. 건강한 감정은 아이들의 행복과도 연결되어 있기 때문이다.

무엇보다 미술 수업받는 아이들에게도 감정 단어들에 대해 알려줄 필요성을 느꼈다. 그리고 아이들에게 정작 더 필요하고 중요한 것은, 부정적인 감정을 알고 이를 정확히 표현하는 일이라는 것을 새삼 알게 되었다. 존 가트맨(John Gottman) 박사는 《존 가트맨식 감정 코치법》(인간사랑, 2007)에서 '감정 코치법 5단계'를 이렇게 소개한다.

1단계 아이의 감정 인식하기

아이들은 감정을 '표정'으로 나타낸다. 그러나 사춘기 아이들은 표정을 잘 드러내지 않는다. 그래서 감정을 포착하기가 쉽지 않다. 그렇기에 어릴 적부터 아이와 감정 코치를 하는 것이 아이의 감정을 포착하는 좋은 밑거름이 된다.

2단계 친밀감 조성과 교육 기회로 활용하기

아이들은 그들의 감정을 건강하고 효과적으로 다루는 방법을 배울 필요가 있다. 감정에 대해 가르치기 가장 좋은 때는 그 감정을 경험하는 동안, 즉 그런 느낌들이 실제적일 때이다. 부모들, 양육자들과 교사들은 아이의 감정을 함께 나누려고 노력하며, 아이가 자신의 감정에 대해 말하며 느끼는 바를 나누도록 격려한다. 감정 코치를 하는 과정을 통해 유대감과 친밀감, 신뢰감 등이 형성될 수 있다.

3단계 공감하며 경청하기

아이 입장을 공감을 가지고 듣는 것과 아이의 감정을 지지해 주는 것은 아이가 감정을 성공적으로 다루는 방법을 배우도록 돕기 위해 어른들이 취할 수 있는 가장 중요한 단계 중 두 가지이다.

4단계 자기감정을 표현하도록 돕기

감정에 이름을 붙이면 뇌의 서로 다른 영역들이 상호 소통을 통해 마음을 진정시키는 데 도움이 된다.

5단계 좋은 해결책 찾기

아이들의 감정을 받아들이고 중요하게 여기는 동시에 부적절한 행동에 제한을 둔다. 아이가 해서는 안 될 일을 일단 명확히 해둔 다음 아이가 자기의 문제에 대한 효과적인 해결책을 생각해내도록 돕는다.

나는 미술 수업 시간에 존 가트맨 박사의 감정 코치법 단계를 기본적으로 활용하려 한다. 미술 수업이라는 한정된 시간 안에서도 아이들의 감정을 잘 돌아보면 소통하기가 쉽기 때문이다. 이를 염두에 두면서 아이들의 감정을 언어로 표현하고 표정을 그려보는 수업을 진행하였다.

긍정적인 감정도 중요하지만, 부정적인 감정은 더욱 중요하기에 자기의 감정 상태를 알아차리도록 아이들 감정에 이름표를 달아주기로 했다. 먼저 감정 단어로 마음의 색깔을 표현하게 한다. 색은 감정을 표현하는 1차적인 도구가 되는 까닭이다. 이렇게 아이들의 색을 만들어서 다양한 감정을 표현하도록 훈련하면 아이들은 긍정적인 감정이든 부정적인 감정이든 마음껏 표현할 수 있는 감정 부자가 될 수 있을 것이다.

아인이는 긍정 단어로 '행복하다'와 부정 단어로 '화난다'를 골랐다. 아인이에게 분홍색으로 머리를 표현한 이유를 묻자 "제가 제일 좋아하는 분홍색 머리 색깔을 하고 행복해하는 모습을 표현했어요."

"아, 그렇구나. 분홍색 머리가 무척이나 신비롭구나. 그런데 부정의 단어는 '화난다'를 고른 이유를 물어봐도 될까?"

"지난번에 아빠랑 놀이동산 가기로 했는데, 아빠가 바빠서 약속을 안 지켜서 너무 화가 난 마음을 눈썹에 불이 난 것같이 빨간색으로 칠했어요."

아이들에게 표정을 그려보라고 하면 울까 말까 고민하는 표정, 고릴라가 뒤에서 쫓아와서 달아나는 표정, 앵그리 버드처럼 화가 나서 머리에서 불이 나오는 표정, 하품하다가 파리가 입안에 들어가 퉤퉤 하는 표정 등 매우 엉뚱하고 다채롭게 나타나는 것을 볼 수 있다. 어른들이 주로 표현하는 표정은 화나고 기쁘고 슬픈 표정 세 가지 밖에 없는 데 비해 아이들은 그려내고 표현하는 표정이 무궁무진했다.

철민이의 표정이 짐작하기 어려워서 아이들에게 물어봤다. "철민이가 그린 것은 어떤 표정인 것 같니?" 그러자 한 아이는 킥킥거리며 "똥 마려운 표정 같아요." "몰래 과자 먹고 안 먹은 척하는 표정 같아요."라며 아이들만의 표정을 읽어내는 모습이 매우 흥미로웠다. 표정 만들기 수업에서 어른들보다 훨씬 다양한 아이들만의 마음의 결을 가지고 있다는 것과 아이들만의 언어를 공감하기에 가능하다는 것을 알게 되었다.

빨강, 주황, 노랑, 연두, 하늘, 파랑으로 색을 채운 수빈이는 이렇게 말했다. "지난 일요일, 가족들과 놀이터에 놀러 나갔는데 날씨가 더웠어요. 빨강은 더운 제 마음이에요. 집에 들어와 시원한 에어컨을 쐬며 수박을 먹었더니 아주 상쾌해져서 주황색처럼 기분이 올라갔어요. 노랑은 오늘 아침에 유치원에 올 때 타고 온 버스 색깔이어서 골랐어요. 연두는 오늘 물감 수업하다가 우연히 만든 연두색과 같은 거예요. 하늘은 지금 창밖으로 보이는 하늘 색깔 그대로고요. 파랑은 미술 수업에 오면 늘 마음이 행복해져서 제 마음을 표현했어요."

아이의 감정나무는 오늘도 자란다

작은 묘목이 아름드리나무가 되기까지 물, 바람, 영양분들이 골고루 나무에 공급되어야 한다. 하루아침에 작은 묘목이 거목이 될 수 없듯이 아이들의 감정 나무도 마찬가지다. 쉼 없이 부모와 세상으로부터 영양분을 빨아들여 감정 나무 줄기에서 가지가 나고, 가지에서 꽃과 열매가 돋아난다. 그래서 아이의 감정 나무는 저마다 다를 수밖에 없다.

내 감정을 잘 모를 경우나 감정에 대해 부모나 사람들에게 공감받지 못한 경우에는 감정을 잘 다루지 못한다. 감정 코치를 잘 받고 자란 아이들은 정서적으로 안정되고 회복 탄력성이 높으며, 스트레스를 적게 받아 질병에 덜 걸린다고 한다. 마음이 건강해야 몸도 건강할 수 있다는 진리를 오늘도 깨닫는다.

미술 수업에 오는 3학년 현빈이는 "먹는 소금으로만 알았는데 소금과 파스텔로 만들어보니 촉감도 좋고 너무 뿌듯해요. 저는 앞으로 이 병을 '내 마음의 감정 유리병'이라고 부를 거예요."라고 말했다.

감정을 그리는 동안 아이들은 표정에 몰입했다. 기쁨, 슬픔, 화남, 즐거움 등의 단편적인 감정 단어에서 조금씩 확장해 나가는 아이들을 만나며 아이의 감정나무는 매일 자란다는 것을 깨닫는다.

그림 활동

감정을 표정으로 그리기

말 그대로 아이들이 느낀 감정을 표정으로 그리는 활동이다. 아이들의 감정과 기분은 자주 바뀌는데 그런 감정을 잘 알아차리고 공감하고 타인의 처지에서 생각해보는 것이 중요하다. 감정을 표정으로 그릴 때는 무엇보다 솔직하고 자신 있게 표현하라고 강조한다. 이렇게 알려주면 아이들은 좋은 감정과 나쁜 감정을 모두 느낀 그대로 자유롭게 표현한다.

준비물

도화지, 연필, 수채화물감, 붓, 풀, 네임펜, 거울, 여러 표정 사진, 감정 단어

방법

1. 긍정 단어 스무 개와 부정 단어 스무 개를 출력하여 미리 오려둔다. 아이들에게 각자 긍정 단어 두 개와 부정 단어 두 개를 고르게 한다.
2. 아이들은 거울로 자기 얼굴을 바라본 뒤 각자 고른 단어에 맞는 표정을 지으며 자기 얼굴을 관찰한다.
3. 8절 도화지를 반으로 접어 네임펜으로 자기 얼굴의 윤곽선을 한 칸에 하나씩 그린다. 도화지 두 장에 총 네 개의 얼굴 윤곽선을 그린다.
4. 각자 고른 긍정 단어와 부정 단어에 해당하는 종이를 얼굴 윤곽선 아래 붙인다. 도화지 한 장에는 긍정 단어를, 나머지 도화지에는 부정 단어를 각각 붙인다.
5. 긍정 단어와 부정 단어에 해당하는 표정을 자유롭게 그린다.
6. 그리기가 끝나면 한 명씩 나와서 발표한다.

푸드아트테라피 활동

소금이 색깔 여행을 떠나요

소금을 활용해 아이들 마음의 색채를 알아보는 활동이다. 하얀 소금을 보면 마음이 이완되고 정화되는 효과가 있다. 하얀 소금에 색을 입혀서 층층이 쌓아보면 아이들의 호기심도 자극되고, 색에 대한 감각도 되살아날 수 있다.

준비물

하얀 소금, 파스텔, 유리병, 플라스틱 빵칼

방법

1. 아이가 원하는 색깔의 파스텔을 여섯 개 고른다.
2. 플라스틱 빵칼로 파스텔을 긁어 가루를 낸다. 파스텔 가루와 소금의 촉각을 느껴보게 한다.
3. 아이들에게 현재 자기의 마음을 색깔로 표현해보라고 한다.
4. 아이들은 소금과 파스텔 가루를 섞은 후 자기 마음의 색깔을 유리병에 차곡차곡 쌓아 넣는다.
5. 완성된 유리병 뚜껑을 덮는다.
6. 여섯 가지 색깔의 감정 이름을 각자가 말해본다.

함께 만들고 함께 웃어요

영감을 준 모든 위대한 작은 화가들

1년에 한 번씩 뽀르파트재 미술에서는 작은 전시회를 연다. 1년 동안 아이들이 땀과 정성으로 만든 작품들을 전시하는 우리만의 행복한 전시회로 아이들을 격려하며 한 해를 마무리하는 소중한 시간이다. 거실 한쪽에 방문한 가족들을 위해 체험 공간을 마련해두어 전시를 살펴보고는 삼삼오오 가족 체험의 시간을 갖는데, 반응이 매우 뜨겁고 인기가 많다. 미술에는 소질이 없다는 부모님들도 아이들의 성화에 못 이겨 참여하는 모습조차 너무 보기 좋다. 가족들이 어우러져 함께 무언가를 만들어낸다는 의미도 있을 뿐 아니라 끈끈한 사랑이 묻어나서 보는 이로 하여금 흐뭇하게 만든다.

전시회에는 아이들 개인 작품들도 있고, 아이들이 함께 힘을 합쳐서 만든 공동 작품도 있다. 공동 작품은 그룹별로 진행되며 비슷한 또래나 연령별로 구성되어 있어서 혼자 하거나 가족과 할 때와는 또 다른 현장감과 남다른 재미를 경험한다.

그룹별 미술 수업은 성향이 다른 아이들이 서로를 관찰하면서 자극도 되며 용기도 얻는 상호작용의 시간이 된다. 이처럼 아이들의 그림은 서로에게 영감을 주어 멋진 작품을 만들어낸다. 그림을 그리는 것과 그림을 보는 것 모두 중요한 이유는 그림 속에는 아이만의 세계가 담겨 있기 때문이다. 이 장에서는 아이들의 이야기가 담긴 세계로 들어가 보자.

봄, 여름, 가을, 겨울이 담긴 놀이터 풍경 속으로

아이들과 협업을 할 수 있는 미술 수업을 고민하던 중에 봄, 여름, 가을, 겨울의 놀이터 풍경을 표현해보기로 했다. 아이들이 자주 접하고 익숙한 장소를 그려봄으로써 장소는 고정되어 있지만 사계절을 창의적으로 상상하며 함께 그려나가는 것이 재미있는 경험이 될 것으로 생각했다.

교사 : 얘들아! 지금 수업하고 있는 거실에서 창밖을 내려다보면 어떤 것들이 보이니?

태영 : 와~ 선생님, 오늘 하늘이 파란 물감을 풀어놓은 것같이 엄청나게 파래요.

소미 : 저는 놀이터에 미끄럼틀하고 제가 제일 좋아하는 그네가 보여요.

정민 : 아파트 앞에 나무들이 열 그루도 넘게 서 있는 거 같은데요.

교사 : 정말, 생각보다 나무가 많이 있네. 정말 눈썰미가 좋은걸.

설이 : 선생님, 저는 주황색 미끄럼틀이 뭉크가 그린 '절규'에서 주인공 얼굴하고 닮은 것 같아요.

교사 : 아, 그러고 보니 미끄럼틀 입구가 재미있게 생겼구나. 얘들아! 지금 너희들이 말한 놀이터를 팀으로 나눠서 다른 계절로 표현해보면 어떨까?

소미 : 선생님, 재미있을 거 같아요.

공동 작품에 관한 이야기를 아이들과 충분히 나눈 후 두 명이 한 조가 되어 수업을 진행해나갔다. 자신의 저가 선택한 계절을 중심으로 놀이터를 상상하여 전지 위에 스케치하고 채색하고 꾸미는 수업이다. 5회의 수업으로 만들어진 조별 작품을 한데 모아서 교사가 네 장의 전지를 붙여서 마무리한다. 주 1회씩 총 5회의 수업을 통해 협업으로 이루어진 멋진 작품이 완성되었다.

이런 놀이터 공동 작품을 연령별, 시간별로 네 그룹을 구성하여 5주간 진행했다. 아이들이 미술 수업에 오면 맨 먼저 기본적인 드로잉 수업을 개인별로 10~15분 정도 갖는다. 드로잉 수업은 주로 기본적인 점, 선, 면 연습부터 시작해 사물에서 동물, 인물 순서로 표현을 연습한다. 이때 수업은 아이마다 필압의 정도나 드로잉단계가 다르므로 개인차를 적용하여 교사가 드로잉 지도를 해준다.

드로잉 수업은 본 수업에 들어가기 전에 아이들의 감정도 살피고 워밍업을 하며 아이가 자신이 그릴 수 있는 분량을 정한다.

"은영이가 그린 야자나무에 잎사귀는 정말 특별해 보이는데 어떤 걸 표현한 거야?"

"선생님, 나뭇잎을 크게 많이 그리고, 깃털처럼 가볍게 표현하고 싶었어요."

"아하, 은영이가 나뭇잎을 자세히 관찰했구나. 세상에서 하나뿐인 야자나무를 멋지게 표현했구나."

아이 성향에 맞게 교사가 격려와 칭찬의 피드백을 해주니 아이들은 재미와 자신감이 샘솟는다. 공동 작품을 하는 5주간은 드로잉 수업 시간을 탄력적으로 30분 정도 갖고, 60분 정도는 공동 작품 수업을 진행했다. 이때 드로잉 수업은 평소 드로잉을 물건, 동물, 사람 등 한 가지를 그렸다면 5주간 동안은 스토리가 있는 주제로 예를 들어 '동물원에 놀러 갔어요.' 또는 '내가 만약 하늘 위에 집을 짓는다면' 등의 드로잉을 하면서 풍성한 스토리 드로잉 수업을 경험할 수 있다.

공동 작업의 제목은 '사계절이 모두 달라!'였다. 봄을 표현한 팀은 놀이터 주변에 꽃들이 활짝 핀 모습과 나비들이 날아다니는 희망이 가득 피어나는 봄 동산이 연상되는 그림을 그렸다. 여름을 표현한 팀은 나뭇잎들이 초록으로 가득한 나무들이 마치 영화 〈비밀의 숲 테라비시아〉에 온 듯한 착각을 불러일으킬 정도로 완성도가 높았다. 가을을 표현한 팀은 나무에서 떨어진 형형색색 낙엽들을 오브제로 표현했는데 진짜 낙엽을 보는 듯한 느낌을 받았다. 마지막으로 겨울을 표현한 팀은 조금 어렵지 않았을까? 나의 걱정과는 달리 눈 덮인 겨울 놀이터를 너무도 흥미롭게 구성하였다. 눈 덮인 미끄럼틀 위에는 별빛 마을 위에 축제가 열린 겨울 놀이동산을 펼쳐놓았다. 아이들이 함께 만들어낸 공동 작품을 전시해놓은 뒤 아이들에게 "뽀르파트재에서 바라본 창밖 풍경이야. 너희들이 만든 작품 너무 근사하다. 그렇지, 얘들아!"라고 말할 때 나도 모르게 감동이 차올랐다. 겨울의 대미를 장식하는 '뽀르파트재 전시회'에 아이들의 공동 작품이 당당히 전시되었음은 두말할 것도 없다.

눈으로 보고 마음으로 그리는 아이들

공동 작업은 옹기종기 모여 하나의 작품을 만드는 협업 수업이다. 운동 종목으로 비유하자면 개인전보다는 단체전이라고 할 수 있다. 혼자서 그림을 그린다면 주제를 정하고 자기 의지대로 표현하면 되지만, 여러 명이 함께하는 공동 작업은 다른 사람들과 함께할 수 있는 아주 좋은 기회인 동시에 소통 능력이 부족한 요즘 아이들에게 낯설고 힘든 수업일 수도 있다. 나는 요즘처럼 사회적 소통이 부족한 아이들에게 이런 활동을 통해서 조금이나마 돌파해내는 힘을 길러주고 싶었다.

여름을 그리는 한 팀이 된 초등 2학년 태영이와 정민이의 처음 만남은 쭈뼛쭈뼛 어색함이 감돌았다. 그러나 서로 의견을 나누며 어느새 수업 시간에 둘 사이에서 웃음소리가 더 많이 들려왔다. 정민이는 놀이터 주변에 나무들을 엄청 많이 그리자고 제안했다.

"우리들의 놀이터에는 아이들이 많이 오는 공간이니까 나무도 울창하면 새들도 날아오고, 더울 때 아이들이 쉴 수 있는 그늘이 되어주지 않을까?"

그러자 태영이는 "와, 그거 좋겠는걸. 나도 땀이 뻘뻘 날 때 그늘이 없어서 아쉬웠거든. 그럼 나무가 많으니까 나무를 돌보는 정원사 아저씨도 그려주는 건 어때?" 이렇게 대화가 발전하였다.

5주 동안 한 팀이었던 솔이와 소민이는 못내 아쉬웠는지 "선생님, 공동 작업을 자주 했으면 좋겠어요. 이번 수업은 친구들과 함께해서 너무 좋았어요."라고 말했다. 뽀르파트재 전시회를 통해서 자신들의 협업으로 일군 '사계절이 모두 달라!' 작품을 손꼽으며 엄지척하는 아이들의 활짝 웃는 얼굴에서 나 역시 눈을 떼지 못했다. 조금은 서툴고 투박하더라도 마음을 키우는 수업은 계속될 것이다. 아이들의 마음에 씨앗들이 꽃피는 것을 바라보는 즐거움만큼 큰 수확은 없다. 집에서 하는 미술 놀이는 장마철에 가족끼리 심심할 때, 집콕 미술이 간절할 때, 가족 모임 시 놀이가 필요할 때, 혼자서만 스마트폰, 영화 보기 할 때 등 해보기를 추천한다. 우리 집 미술 놀이는 어느 집에서나 언제든지 가능하다. 집 안 한곳에 미술 상자를 준비해서 가족과 함께 온 가족 공동 그림을 그리고 싶을 때 함께 시작하면 좋다. 엄마 또는 아빠가 먼저 붓을 들고 그림을 그려보는 건 어떨까? 아이의 상상력과 창의력은 저절로 쑥쑥 올라가고 집 안 가득 따뜻한 감성 미술이 피어날 것이다.

그림 활동 1

사계절이 모두 달라!

준비물

전지, 물감, 오브제(자연물-나뭇잎, 나뭇가지, 솔방울 등), 헝겊, 가위, 풀, 글루건, 연필, 붓, 크레파스, 채색 도구

방법

1. 아파트 안에 있는 놀이터의 사진을 찍어 두세 장 출력하여 나눠준다.
2. 2인 1조로 팀을 정하고, 총 여덟 명이 봄, 여름, 가을, 겨울 중 팀별로 한 계절씩 정한다. 전지 한 장에 놀이터 사진을 기본으로 하여 밑그림을 그린다.
3. 계절의 특징에 맞게 상상하여 팀별로 전지에 놀이터 풍경을 꾸민다.
4. 그림 위에 물감이나 크레파스로 채색한다. 오브제를 이용해 놀이터의 배경 등을 꾸며서 완성한다.
5. 완성한 그림 네 장을 교사가 연결해 붙인다.
6. 완성된 작품에 아이들이 제목을 달고 작품을 전시한다.

그림 활동 2
그림 그리기 소풍 가자!

준비물
수채화물감, 전지, 붓, 물통, 야외용 돗자리(큰 비닐이나 신문지도 가능), 가위, 채색 도구, 에어캡, 소풍 도시락

방법
1. 거실, 아이방 등 알맞은 공간 벽면에 전지를 붙인다.
2. 전지 밑에 야외용 돗자리를 깔아둔다.
3. 어떤 주제로 그릴 것인지 아래 ①, ②, ③에서 하나를 선택한다.
   ① 전신 그림 그리기 : 가족 중 아이 한 명이 서 있고 전신 본을 떠준다. 그 후 가족들이 함께 꾸민다.
   ② 바닷가 그리기 : 바닷물을 물감으로 함께 칠한다. 각자 물고기를 그려서 색칠하고 가위로 오린 뒤 물고기를 바다 위에 붙여준다.
   ③ 가족 액자 그리기 : 전지 위에 액자 모양을 크게 그리고 가족의 얼굴을 서로 그려준다.
4. 그림을 그린 뒤 에어캡을 물감에 찍어서 배경을 꾸민다.
5. 가족이 함께한 공동 작품을 완성 후 감상 소감을 돌아가면서 말한다.
6. 함께 미술 작업한 공간을 정리한다. 자리를 펴고 준비한 소풍 도시락을 꺼내서 맛있게 먹는다.

그림 활동 3

세상에서 가장 긴 뱀

준비물

색종이(1~2cm 간격으로 여러 장 잘라서 준비), 풀, 스티커 눈알, 가위

방법

1. 가족끼리 가위, 바위, 보로 순서를 정한다. 이때 가족이 많을 경우는 2인 1조로 팀을 이루어도 좋다.
2. 뱀 머리 모양을 각자 그리고 오린 다음 눈알을 붙인다. 눈알이 없으면 펜으로 그린다.
3. 미리 잘라놓은 색종이를 뱀 머리에 연결하여 풀로 계속 연결한다.
4. 종료를 알리는 알람이 울리면 끝난다.(알람 대신 모래시계도 가능)
5. 각자 만든 뱀을 바닥에 내려놓고 길이를 잰다. 가장 길게 완성한 사람이나 팀이 승리한다.

tip

이번 활동에는 길다, 짧다, 수의 단위(cm) 등 수학적 용어들을 놀이 과정을 통해 배울 수 있는 좋은 기회이며, 미술과 게임을 함께 할 수 있는 활동이다.

거짓말 속에 담긴 속마음

귀 기울여 경청해주기

"넌 또 지각이야, 존 패트릭 노먼 맥헤너시. 게다가 바지까지 찢었군!"

"학교에 오는데 덤불에서 사자가 튀어나와 제 바지를 물어뜯었어요. 나무 위로 올라가 사자가 지나갈 때까지 한참 기다렸어요. 그래서 지각했어요. 선생님."

"뭐라고? 이 동네 덤불에는 사자 따위는 살지 않아! 저 구석에 돌아서서 큰 소리로 사백 번 외쳐라. '다시는 사자가 나온다는 거짓말을 하지 않겠습니다. 그리고 다시는 바지를 찢지 않겠습니다.' 알았냐?"

존 버닝햄(John Burningham) 작가의 《지각 대장 존》(비룡소, 1996)에 나오는 내용이다. 존이라는 아이가 악어, 사자, 큰 파도 때문에 학교에 지각한다. 선생님은 존의 말을 믿지 않고 거짓말한다고 생각해 심한 벌을 준다. 다음 날 선생님은 고릴라한테 붙들려 천장에 매달린 채 존에게 도와달라고 한다. 존은 "고릴라 따위는 살지 않아요, 선생님."이라고 대답한다. 선생님이 존을 믿지 않은 것처럼 존도 선생님을 믿지 않는다.

이 책이 주는 가장 큰 교훈은 어른이라는 잣대로 아이들을 판단해서는 절대로 안 된다는 것이다. 더군다나 어른이 만든 잣대로 정답과 규칙을 강요하는 것 또한 피해야 한다. 우리의 경험과 지식이 옳지 않을 때도 분명 있다. 열린 마음으로 이해하고 경청해줄 때 진정한 교육의 힘이 발휘된다. 귀 기울여 경청하는 일은 사람의 마음을 얻을 수 있는 최고의 지혜다. 가정과 학교는 새로운 시대를 이끌어가는 지혜의 전당이어야 한다. 이를 위해서는 아이의 마음을 읽고 마음을 얻어야 한다. 그리고 다음과 같은 말을 명심해야 한다. 내 입을 통해 나온 말은 돌고 돌아 내 귀와 입으로 다시 스며든다는 것을!

거짓말 속에 담긴 아이의 마음 들여다보기

자동차를 운전할 때는 무엇보다 신호를 잘 보아야 한다. 신호를 지키고 교통의 흐름을 이해하는 것이 중요하다. 신호등과 속도만 잘 지켜도 반 이상은 성공한 셈이다. 나는 아이들을 키우는 일도 주변, 전후좌우의 신호를 잘 보는 데서부터 시작한다고 생각한다. 그리고 아이들이 성장하는 발달 과정에 알맞은 교육이 중요하다고 믿는다. 운전자인 부모는 신호를 잘 보면서 잠시 멈췄다 가는 지침이 필요하다. 아이들에게 가르침이 필요할 때, 매번 말로 하기보다는 시각화된 이미지나 그림책으로 쉽게 가르칠 수 있다. 보통 4세에서 초등 1~2학년 시기가 되면 아이들은 거짓말을 자연스럽게 한다. 아이들의 거짓말은 자연스러운 발달 과정 중에 하나다. 테드의 강연자 캉리(Kang Lee)는 청중에게 이렇게 말했다.

"거짓말을 잘하는데, 중요한 두 가지 요소는 첫째, 마음 이론 또는 마음을 읽어내는 능력(Mind Reading)과 둘째, 말과 표정, 몸동작을 조절하는 자기 통제력(Self Control)입니다. 이 둘이 모두 발달해야 거짓말을 잘할 수 있습니다."

거짓말은 인지발달과 사고발달이 이루어졌을 때 가능하다. 다양한 나이의 아이들을 만나보면서 느낀 점은 아이들의 경우 설득력 있는 거짓말은 유아기 정도에 한다는 것이다. 아이들이 대개 거짓말을 하는 이유는 관심받고 싶거나 칭찬받고 싶을 때 혼나기 싫어서일 때가 많다. 실제로 아이들이 부모에게 거짓말하는 솔직한 이유는 부모에게 실망을 안겨주고 싶지 않아서이다. 이때 부모는 지나친 반응보다는 관심을 두고 의도를 파악하는 태도가 필요하다. 거짓말의 원인은 대체로 불안, 스트레스로 인한 것이기에 부모가 애정을 잘 표현해주는 것이 중요하다.

나는 아이들이 거짓말을 하면 그림책을 이용해서 아이들의 마음을 읽고, 아이 스스로 생각할 수 있는 시간을 주고자 했다. 고대영 작가가 자신의 자녀인 '지원이와 병관이' 이야기를 담은 《거짓말》(김영진, 길벗어린이, 2009)을 아이들에게 읽어주고 미술 활동과 연계하여 수업을 진행했다. 이 책은 놀이터에서 5,000원을 주운 병관이의 이야기다. 병관이가 사는 동네에 있는 놀이터와 분식점, 문방구를 배경으로 일어난다. 병관이가 마음속으로 고민하는 갈등을 해결해 가는 과정에서 아이의 심정을 솔직하게 보여주는 그림책이다. 누나에게 돈을 주웠다고 말하고 함께 떡볶이를 사 먹던 남매는 장을 보러 가던 엄마에게 들켜 모면하고자 거짓말을 하지만 경찰 아저씨 이야기에 병관이는 결국 엄마와 아빠에게 사실을 모두 털어놓는다. 그제야 병관이는 거짓말로 불편하고 두려웠던 마음의 짐을 내려놓는다. 그림책을 읽고 나서 아이들에게 "만약 너희라면 돈을 주웠을 때 어떻게 하고 싶니?"라고 질문했다. 아이마다 대답은 천차만별이다.

"저는 돈을 주우면 주인을 찾아줄 거예요. 돈을 잃어버린 사람이 너무 속상할 거 같아서요. 병관이처럼 벽보를 붙여놓을 거예요."

"어차피 적은 돈을 주우면 경찰서에 가져가도 별로 소용없을 것 같아서 필요한 걸 살 거 같아요."

"제가 돈을 주우면 엄마한테 갖다줄 거예요. 엄마가 저보단 주인을 잘 찾아줄 거 같아서요."

"주운 돈을 가지고 경찰서에 가서 맡겨야죠. 잃어버린 사람이 근처 경찰서로 돈을 찾으러 올 수도 있지 않을까요?"

아이들과 《거짓말》 그림책을 읽는 동안 병관이의 콩닥콩닥하는 마음이 얼굴에도 가득 드러나 있음을 아이들과 나도 느낄 수 있었다. 말에는 힘이 있어서 감정이 담긴 말인지 아닌지도 알 수 있고 비언어적인 행동을 통해서도 마음을 읽을 수 있다. '아이들을 어떻게 사랑할 것인가?' 고민한다면, '어떻게 말할 것인가?' 역시 깊이 고민해봐야 할 일이다.

아이들과 활동하기 좋은 것으로 팝업북 만들기가 있다. 입체 책이라 어려울 것으로 생각되지만, 실제 만들어보면 의외로 쉽다. 얼굴 팝업북을 만들 때 얼굴에 눈, 코, 입 중에서도 입 모양을 팝업 형태로 만들어본다. 그림책에서 보았듯이 거짓말이란 머리로 생각하고 입을 통해 말로 나온다는 의미로 말의 중요성에 대해 아이들이 생각해보는 시간을 가져보기 위해서다. 아이들이 상황극을 해볼 때 빛나와 새롬이는 엄마와 아이 역할을 재현했다. 빛나는 엄마 역할을 새롬이는 아이 역할을 했다. "엄마, 오늘은 반팔 공주 원피스에 샌들을 신을 거예요." "안 돼, 안 돼. 오늘은 겨울이라 반팔 원피스는 너무 춥고, 샌들은 발이 시리단다." 빛나의 어머니가 하원하는 빛나를 데리러 오셔서 물어보니 빛나는 며칠 전에 엄마와 상황극의 내용으로 아침에 실랑이했다고 한다.

잘못을 인정하는 용기

만약 '누가 누가 더 거짓말을 잘하나?'를 겨루는 '거짓말 경연대회'가 열린다면 우승자는 누가 될까 하는 상상을 해본 경험이 있다. 하루 동안 우리가 사용하는 언어를 볼 때 진실 혹은 거짓말 중 어떤 말을 많이 할까?

잘못을 인정하는 용기와 자신에게 솔직하고 떳떳한 태도를 배울 수 있는 그림책《거짓말》과《거짓말 손수건, 포포피포》(디디에 레비, 이마주, 2017)는 아이들뿐 아니라 어른들에게도 시사하는 바가 크다. 거짓말은 남에게 피해를 주는 것은 나쁘지만 아이들이 이야기를 만들어가는 첫 번째 연습이라는 작가의 말을 되짚어보게 된다.

《거짓말 손수건, 포포피포》 속의 주인공 클로비를 보며 주인공과 동화되어 가는 아이들이 있다. "선생님, 거짓말을 할수록 손수건이 화려해지고 마구 커지는 걸 보니까 클로비가 손수건 괴물에게 잡아 먹힐 것 같다는 생각이 들었어요." "저는 엄마가 심부름시키는 게 싫어서 공부해야 한다고 거짓말하고 게임을 했는데 너무 죄송하다는 생각이 들었어요."

아이들의 마음에도 하나둘씩 무늬가 그려질 것이다. 무늬만 요란한 것이 아닌 상상의 날개를 펼칠 수 있는 협력하고 공감하는 언어로 그려진 마음의 도화지가 되길 바란다. 아이들이 정직하게 살아갈 힘을 기르고 솔직하게 말할 수 있는 용기를 심어줄 수 있게 지지해주고 지켜봐 주는 것이 부모와 어른들의 몫일 것이다.

입체 표현 활동

얼굴 팝업 만들기

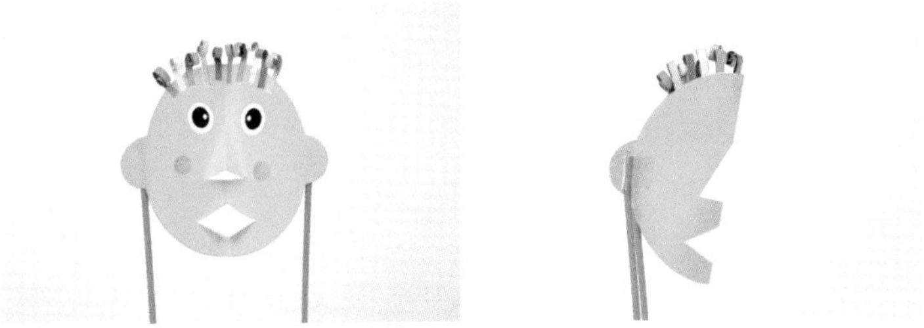

준비물

머메이드지 또는 색지, 가위, 풀, 눈 스티커, 색종이, 빨대

방법

1. 색지 위에 얼굴 모양이 대칭되게 그린다.(그리기 어려워하는 유아는 동그란 사물 등을 이용해 윤곽선을 그린 뒤 오린다.)
2. 눈 스티커를 붙인다.(눈을 그려도 된다.)
3. 얼굴 모양을 반으로 접는다. 코는 4cm, 입은 5cm 위치에 칼집을 낸다. 코를 직각삼각형 모양으로 접었다 편다. 입술도 위아래로 입술 모양을 되도록 접은 다음 팝업 형태로 만든다.
4. 색종이를 1~2cm 굵기로 잘라서 준비한 뒤 머리카락을 꾸민다. 가위나 펜 등의 도구를 이용해서 머리를 말아주면 입체감 있게 표현할 수 있다. 귀 모양에 빨대를 붙이면 접었다 폈다 할 수 있다.(사진처럼 코와 입이 입체적으로 나온다.)
5. 아이들이 만든 팝업을 가지고 간단한 상황극을 해본다.

그림 활동

진실 손수건 꾸미기

그림책 《거짓말 손수건, 피포피포》을 활용한 그림 활동이다. 아이의 마음을 손수건에 담아 진실의 손수건을 꾸며보자.

준비물

천 손수건, 염색 물감(패브릭 마커, 패브릭 크레용) 또는 색연필, 붓

방법

1. 밑그림을 그린다. 이때 손수건에 진실한 마음을 표현할 수 있는 무늬나 선 등 구상한 것을 표현한다.
2. 윤곽선을 가는 붓으로 물감으로 그린다.
3. 염색 물감으로 채색한다.
4. 건조한다.
5. 각자 만든 작품을 함께 감상한다.

생각을 디자인하는 마인드맵

다양한 탈것

우리가 잘 알고 있는 레오나르도 다빈치(Leonardo da Vinci)는 이탈리아의 천재 화가이자 과학자이며 발명가 그리고 연구자이면서 건축가다. 그는 세심한 관찰자였다고 알려져 있으며, 그가 고안한 발명품 중 가장 뛰어나다고 알려진 하나는 비행 장치다. 그는 비행 기계의 연구를 위해 곤충과 날아다니는 동물을 자세히 관찰했고 새가 날아다니는 원리를 파악하기 위해서 새들의 비행을 꼼꼼히 살피고 스케치하고 기록했다고 한다. 새의 날개는 어떤 구조로 되어 있고, 방향은 어떻게 바꾸는지 등 끊임없이 질문했다. 이후 새들의 비행에 관한 연구는 항공기 발명의 밑거름이 되었다.

이렇듯 누군가의 호기심과 열정이 새로운 발명품을 탄생시킨다. 때론 무모해 보이거나 도무지 이해할 수 없어 보일지라도 끝없는 호기심과 노력은 큰 힘을 발휘하는 동력이 된다. 요즘 길을 걷다 보면 도로변이나 인도에 자전거나 전동 킥보드가 멈춰 있는 것을 본다. 헬멧을 장착하고 외발자전거를 타고 거리를 활보하는 젊은이들 또한 흔히 볼 수 있는 풍경이 될 만큼 탈것들의 진화는 상상 그 이상이다.

아이들은 유독 탈것에 관심이 많다. 특히 남자아이들이라면 자동차나 트럭, 오토바이에 한 번쯤 빠져보지 않은 아이가 없을 정도다. 최근에는 여자아이들도 예외가 아니어서, 다양한 자동차의 이름을 알아맞히거나 전기자동차나 전동 킥보드, 드론 같은 첨단 제품에 호기심을 가지고 탐구하는 아이들이 점점 늘어나고 있다.

아이들이 탈것에 본격적으로 관심을 보이기 시작하는 나이는 네 살에서 일곱 살 사이이며, 주로 초등학교 저학년 때 본격적으로 이 세계에 빠져든다. 집안 곳곳에 작은 미니카나 트럭 한 대 없는 집을 찾기 힘들 정도이고 〈토마스와 친구들〉이나 〈로보카 폴리〉, 〈꼬마버스 타요〉같이 만화영화 주인공들의 탈것까지 더하면 아이들의 '탈것' 장난감 세계는 매우 전문적이라고 할 수 있다. 게다가 자동차나 기차 같은 육지를 벗어나서 비행기와 헬리콥터, 전투기, 우주선 같은 하늘길을 달리는 운행 수단과 유람선, 보트, 제트스키처럼 물길을 달리는 탈것까지 영역을 확장하면 아이들이 탈것을 둘러싸고 펼치는 상상력은 매우 넓고 광대해진다.

마인드맵으로 길을 찾아봐!

아이들과 다양한 탈것에 대해 알아보고 우리가 살아갈 미래의 모습과 탈것의 발전할 모습을 상상하고 지식을 정리하는 수업을 진행해보자. 나는 아이들이 상상력을 펼칠 때 마인드맵(Mind Map)을 활용하게 한다. 마인드맵이란 마음속에 지도를 그리듯이 줄거리를 이해하며 그리는 방법으로, 자신이 알고 있는 지식을 자기만의 방법으로 정리하는 힘을 기르기에 매우 유용한 방법이다.

마인드맵을 그릴 때는 맨 먼저 큰 주제를 가지고 거기에 구성요소들을 정해주고 가지를 뻗듯이 생각을 그림과 글로 재미있게 정리해 나간다. 놀이하듯이 내 머릿속의 생각 그물들이 정리되어 가는 것을 즐겨보자. 수업 주제인 '탈것'에 대해서는 아이들에게 두 가지 정도로 질문할 수 있다.

첫 번째, "네가 미래에 타고 싶은 탈것을 그림으로 그려볼까?"

두 번째, "탈것의 종류를 한번 머릿속에 그려보고 글로 정리해본 후 그림으로 그려볼까?"

두 가지 질문을 던졌을 때 어떤 질문이 아이들을 자발적으로 행동하게 만들고, 창의적인 상상을 할 수 있도록 자극하고, 표현의 다양성을 가져올까? 수업을 실제로 진행하면서 아이들에게 질문해본 결과 두 번째로 마인드맵을 통해 지식 정리를 하고 나서 표현했을 때 그림에서 섬세한 관찰과 세밀한 묘사를 자신감 있게 표현하여 독창적이고 정교한 그림을 감상할 수 있었다.

교사가 일일이 말하지 않아도 아이들은 마인드맵을 통해서 다음에 가야 할 길을 재미있게 찾아 나선다.

어떤 자동차를 만들면 좋겠어?

아이들과 미래에 타고 싶은 자동차 그림을 그리면서 아이들에게 여러 질문을 했고, 그중 초등학교 3학년이었던 연우에게 "어떤 자동차를 만들면 좋겠어?"라고 물었다. 연우는 "'오피스카'를 만들고 싶어요. 사무실이 없어도 사무실 역할을 할 수 있도록 자동으로 움직이는 기능을 만들고 싶어요. 자동차 운전 도중에 좋은 아이디어나 중요한 내용이 떠오를 때 자동차에 아이패드가 장착되어서 버튼을 누르면 내 목소리가 자동으로 녹음되고, 중요한 것을 기록할 수 있으면 좋겠어요."라고 대답했다.

또 "자동차로 누구에게 도움을 주고 싶어?"라는 질문에는 "직장을 잃거나 직장을 얻지 못해서 힘들어하는 사람들에게 일할 수 있는 기회를 주고 싶어요."라고 대답했다. 이렇듯 아이들은 본인의 의견을 자유롭게 말하는 것은 물론 생각지도 못했던 다양한 생각들을 이야기해준다. 이외에도 "원하는 자동차를 만들고 가장 먼저 태우고 싶은 사람이 있니?"라는 질문에는 "아빠요. 얼마 전에 아빠가 회사를 그만두셔서 집에만 계세요. 아빠가 정말 좋아하실 거예요."라고 대답했다.

본인이 상상한 자동차 그림을 그리고 채색한 후 그림에 부분적으로 기능을 넣어 표현한 것을 완성하도록 도와주자. 예를 들어 찍찍이로 떼었다 붙였다 하기, 와이핀 연결하여 움직이기, 투명 필름지 사용하여 효과 주기, 자동차 뒤에 빨대를 연결하여 낚싯줄 위에서 자유롭게 움직이게 하기 등 아이들의 독창적인 아이디어를 활용할수록 좋다.

완성된 작품은 '나만의 프레젠테이션' 시간을 통해 스토리텔링 형식으로 발표한다. 이때 교사는 아이들의 발표를 녹음하여 수업에 대해 부모님에게 피드백할 때 전달해주는 것이 효과적이다.

다양한 색을 가진 생각의 탄생

하루가 다르게 변화하는 시대에 아이들의 감정도 복잡하고 다양하다. 사람들의 환경이 변화하고 세상도 빠르게 변함에 따라 우리 주변에 사물, 건물, 직업, 지각변동 등이 쉼 없이 바뀌고 있다. 이런 변화 중에서 우리 가까이에서 경험할 수 있는 다양한 탈것을 주제로 아이들과 마인드맵을 통해서 각자의 생각을 정리해보니 새로운 생각이 탄생하는 흥미로운 일들이 생겨났다.

여섯 살 해솔이는 미래에 가장 타고 싶은 것으로 비행기를 그렸다. 발표하는 시간에 "내가 비행기를 그린 이유는 지금까지 비행기를 한 번도 못 타봤어요. 엄마는 내가 아기였을 때 가족여행으로 호주를 갈 때 비행기를 탔대요. 그렇지만 저는 기억이 안 나요. 하늘을 나는 군인 아저씨를 TV에서 본 적이 있는데 너무 멋있었어요."라고 말했다. 앞에서 말했던 초등학교 3학년 연우는 아빠가 회사를 그만두고 집에 있을 때 느낀 자신의 복잡한 감정을 작품 속에 고스란히 담았다. 자신이 완성한 자동차를 보고는 "제가 만들었지만 너무 멋진걸요. 아빠에게 가져가서 자랑하고 싶어요."라며 수줍은 미소를 띠었다.

아이들의 생각은 참 다양한 색을 띤다. 상식을 뒤집는 생각과 익숙함을 깨고 새로움을 만들어내는 생각의 자유로운 영역이 반짝반짝 빛을 낸다. 수많은 천재의 엉뚱하고 기발한 생각들이 오늘날의 발명품을 만들었듯이 꼬리를 무는 생각을 정리하다 보면 새로운 영감을 꺼내게 된다.

그림 활동

미래에 타고 싶은 것

준비물

사인펜, 색연필, 색지, 네임펜, 빨대, 와이핀, 두꺼운 골판지, 낚싯줄, 색 필름지, 가위

방법

1. 주제를 '탈것'으로 마인드맵을 한다.
2. 탈것 주제와 연결하여 탈것의 종류인 자동차, 기차, 비행기, 배, 특수차, 자전거 등으로 구성한 뒤 연결된 것을 정리해본다. 예를 들어 특수차의 경우 소방차, 경찰차, 앰뷸런스, 지게차, 캠핑카, 이삿 짐차, 소방차, 레미콘, 포크레인 등으로 가지를 뻗어나간다.
3. 주제 및 소주제 등은 색깔을 구분하여 꾸며준다.
4. 마인드맵으로 정리한 뒤 자신이 상상하는 탈것을 그려본다.
5. '미래의 타고 싶은 것'을 상상하여 스케치한 다음 질문을 통해 구체적으로 표현한다. 이때 아이들의 작품 속에 각자의 이야기가 담길 수 있도록 한다.

5장

가족끼리 마음을 읽고 나누는 다섯 가지 방법

같이 놀면 친해져요

놀이하며 친해지기

아프리카 격언 중에 "빨리 가려면 혼자 가고, 멀리 가려면 함께 가라."라는 말이 있다. 가장 멀리, 함께 가야 할 사람은 누구일까? 아마 가족이 아닐까 싶다. 가족은 멀리 가야 할 친구요, 후원자요, 지지자와도 같다. 주변의 아이들을 보거나 미술 수업에 오는 아이들을 보아도 겉으로 보면 가족끼리 친해 보이는데 실제 속마음은 나누지 못하는 가족들이 많다. 가장 가까이서 마음을 나눠야 할 가족이 소통이 안 되어 겉도는 것이다. 품 안의 자식으로 여기던 아이들이 어느새 훌쩍 커버려서 부모와 자식 간에 틈이 생겨 관계의 어려움을 호소하는 부모들을 주변에서 쉽게 볼 수 있다. 오랜 마라톤과 같은 부모와 자녀 관계에서 부모는 어떤 힘을 자녀에게 심어주면 좋을까?

"자녀에게 그릿이 생기기를 바란다면 먼저 우리 자신이 인생의 목표에 얼마만큼 열정과 끈기를 가졌는지 질문해보라. 양육 방법에서 자녀가 당신을 본받게 할 가능성이 얼마나 있는지 자문해보라. 첫 번째 질문에 대한 답이 '매우 강하다'이고, 두 번째 답이 '가능성이 매우 크다'라면 당신은 이미 그릿을 길러주고 있다."

– 앤절라 더크워스(Angela Duckworth), 《GRIT》, 비즈니스북스, 2016.

아이가 열정적 끈기의 힘을 키운다는 것은 내면의 힘이 강해질 때 가능하다. 가족의 지지가 있을 때 사랑이 원천이 되어 가족 구성원들의 뿌리에 영양분을 공급해주어 힘차게 뻗어 오를 수 있다. 그것은 가족과 함께하는 시간을 통해 아이의 지구력도 길러줄 수 있는 동력이 될 것이다.

거창하지 않아도 좋다. 부모가 아이를 알고, 아이가 부모를 알아가는 데는 친밀의 시간이 필요하다. 쉬울 것 같지만 결코 쉽지 않은 행복의 문을 가족 놀이를 통해 지금부터 콩콩 두드려보자!

달밤에 편의점 투어

오랫동안 알아온 지인 중에 여덟 살, 열한 살, 열네 살의 1남 2녀 다둥이를 둔 워킹맘 Y가 있다. 아이의 양육을 위해 늘 부지런히 움직이며, 긍정적인 마음으로 살아가는 사람이다. 직장을 다니면서도 나름 아이들의 교육과 양육에 애쓰고 있지만, 한계에 부딪힐 때가 많다고 하소연하기도 한다. 어찌 Y뿐이랴? 이 땅의 자녀를 둔 어머니라면 늘 갖는 생각 중 하나일 것이다.

우연한 기회에 Y와 대화를 나누던 중 매우 호기심이 가는 이야기가 있었다. 세 아이의 성향, 나이, 취향 등이 모두 다르다 보니 잠자는 시간도 모두 다르다고 한다. 그중 둘째는 예전부터 아기자기한 것을 모으고 사는 것을 좋아하고, 먹을 것을 워낙 좋아한다고 했다. 또 약속한 것을 꼭 지켜야 하는 성격이었다. 아쉽게도 얼마 전에 약속한 것을 지키지 못한 아쉬움이 아이 마음 한편에 남아 있던 터라 신경이 쓰였고, 마침 어느 날 둘째 아이만 말똥말똥 깨어 있길래 남편과 함께 달밤 여행 코스를 찾다가 아이와 함께할 수 있는 편의점 투어를 가기로 의견을 모았고, 달밤 편의점 여행을 강행하기로 마음먹었다고 했다. 밤이라는 제한성이 한몫했지만 두 아이를 재우고 세 명이 즐기는 오붓한 데이트는 스릴과 묘미까지 더해진 날이라고 했다.

편의점 몇 군데를 돌아다니며 아이가 좋아하는 것을 고르고 부부도 출출함을 달랠 간식을 푸짐하게 골라놓고 보니 딱히 먹을 장소가 없었다. "아빠, 편의점에 맛있는 게 많이 있어서 신나요. 그런데 이거 비싼데 사도 돼요?" "그럼 그럼, 먹고 싶은 거 다 골라. 아빠는 따뜻한 홍삼을 마실게." 아이는 수제 닭꼬치와 평상시 먹고 싶었던 음료수와 과자 등을 골랐다.

편의점 주변 정류소 앞에 차를 세우고 간식 보따리를 풀어서 맛있게 먹고 집으로 돌아오는 길에 아이는 "엄마 아빠랑 오니까 너무 좋아요. 그런데 동생이랑 오빠한테는 비밀로 해요! 우리만 와서 정말 미안하니까요."라고 말했다. "그렇게 좋았니?", "네네, 처음으로 셋이서 하는 달밤 데이트잖아요. 엄마 아빠 다음엔 다 같이 또 와요." 비록 근사한 음식, 근사한 장소까지는 아닐지라도 가족이 함께인 것만으로 천국이 아니겠는가? 그 뒤로 둘째는 편의점 투어에 대한 추억을 가끔 떠올리며 엄마에게 말한다고 한다. "엄마, 달밤 데이트 너무 재미있었어요, 100점 만점에 200점이에요."라는 말을 잊을 만하면 자신과 남편에게 한다고 했다. "그래, 엄마도 너와의 추억을 영원히 잊지 못할 거야. 마음속에 찰칵 찍어 저장할게."

형제가 많은 아이의 경우 부모가 아이와 단둘이 시간을 보낸다는 것이 쉽지 않다고 Y는 말한다. 둘째와의 편의점 투어를 회상하면서 늘 오빠와 동생 사이에서 동생 또는 언니의 생활에 익숙해 있다가 오롯이 혼자만 부모와 공감이 되는 추억을 쌓았다는 그 자체가 아이에게 큰 만족과 기쁨을 준 것 같다. 아이 한 명에게 좀 더 집중하고 그 아이를 세밀하게 들여다볼 기회였고, 중간에서 늘 치였을 아이에게 작은 보상을 해준 것 같아 뿌듯했다고 말했다. 그리고 아이들 한 명 한 명과의 소소한 데이트를 만들고 싶은 작은 꿈도 생겼다고 한다.

우리 가족에겐 있는 특별한 '햄버거 데이'

두 살 차이 남매를 키우던 나는 둘째 아이가 아토피여서 음식에 특별히 신경을 써야만 했다. 웬만한 간식도 직접 유기농 제품을 사다가 수제 간식으로 만들어주곤 했다. 치킨이 먹고 싶다면 아이들을 위해서 오븐에 미리 양념한 닭을 구워서 주곤 했다. 그러다 보니 인스턴트를 멀리하게 되었다. 하지만 아이들에게 피자, 치킨, 햄버거 등의 먹음직한 패스트푸드의 유혹은 참으로 견디기 어려웠다.

첫째 딸 예원이가 중학교 때 일이다. 가족여행을 준비하던 차에 첫째와 여행에 필요한 물품을 함께 사러 나갔다. 동생이 아토피라 가족들 역시 집에서 음식의 제한이 많았는데 마침 저녁을 딸아이와 먹게 되었다. "어떤 음식을 먹고 싶어? 오늘은 네가 먹고 싶은 걸로 먹자." "엄마, 나 햄버거 먹고 싶어요." 다른 날은 몰라도 모처럼 아이와 단둘이 데이트라 나는 무장해제 상태로 허락했다. 주문을 아이에게 맡겼다. 커다랗고 푸짐한 햄버거 세트를 들고 오는 아이의 얼굴에는 미소가 번졌다. 햄버거와 콜라를 번갈아 먹으며, 감자튀김에 케첩을 푹푹 찍어 먹었다. 평소 같으면 어림도 없을 음식을 오늘은 마음껏 먹을 수 있으니 물 만난 고기처럼 아이와 나는 오랜만에 '햄버거 데이'를 즐겼다.

아이와의 즐거운 식사를 마치고 집으로 오는 차 안에서 딸아이는 말했다. "엄마랑 같이 오랜만에 쇼핑도 하고, 좋아하는 햄버거를 먹으니 너무 행복해."라며 연거푸 행복하다는 말을 번복하는 아이의 하얀 얼굴이 지금도 햄버거를 볼 때면 아련히 떠오른다. 아이에게 추억이 되어 오래 기억할 수 있는 데이트를 적극적으로 추천한다. 아이와의 거리가 더 가까워질 것이다.

안전하고 재밌게 만드는 나만의 버거

가족들이 다 함께 햄버거를 만들어보자. 아이와 엄마, 아빠, 형, 누나 등 가족 모두 앉아서 밑그림 스케치부터 시작해 형태 오리기, 글루건 사용 등 누가 무엇을 할 것인지 역할 분담도 의논해서 정하고, 어떤 햄버거를 만들고 싶은지 아이디어를 모아보자. 재료의 특성에 대해 각자의 느낌도 말해보자. 서로 질문도 해보고 놀이처럼 재미있게 협업의 시간을 가지면 더욱 즐거울 것이다. 그리고 가족 간의 대화가 훨씬 흥미진진하게 이어질 수 있다. 햄버거를 만들 때도 모양과 재료를 입맛대로 고른다. 만든 후에는 각자 만든 햄버거를 소개하는 시간도 가져보자.

예를 들어 엄마는 "나는 달걀을 좋아해서 햄 대신 채소와 달걀만 넣어서 '날씬 에그 버거'를 만들었답니다." 아빠는 "햄버거엔 뭐니 뭐니 해도 쇠고기 패티가 최고라서 나는 패티를 두 개나 넣어 더블 패티 버거를 만들었지요. 이름도 '더블 돼지 버거'라고 지어봤어요." 아이들은 "저는 치즈랑 감자튀김을 짱 좋아해서 치즈와 감자튀김을 듬뿍 넣어 제 버거 이름은 '짱짱 치즈 감자 버거'랍니다." "저는 채소, 치즈, 패티, 피클을 몽땅 다 넣었더니 모양은 몬스터를 닮아서 찌글찌글하고 삐뚤빼뚤하지만 맛은 엄청 좋아요. 제가 만든 버거는 '몬스터 빅버거'입니다."라고 말한다. 이런 식으로 다양하게 자신의 취향과 의견을 담아 이름도 짓고 햄버거 소개도 해보자. 아이들에게 즐겁고 재밌는 추억은 물론 요리에 관한 흥미도 돋울 수 있을 것이다.

우리 집은 행복한 학교입니다

아이들은 커가며 늘 새로운 장소나 새로운 놀이를 찾는다. 아이들마다 신비한 상상의 조각들을 퍼즐을 맞추듯이 도전하여 그들만의 새로운 놀잇감을 완성해간다. 그래서 아이들의 언어와 아이들의 눈으로 관찰하는 것만으로도 흥미롭다. 요즘 아이들은 스마트폰, 미디어, 가상현실이나 게임 등 온라인 환경에 너무 노출되어 살고 있다. 그런데도 어떤 아이는 자연에서 맘껏 뛰어놀며 자연 놀이를 즐기는가 하면, 어떤 아이는 온종일 스마트폰의 유혹에 사로잡혀 방향을 잃고 살아간다.

얼마 전에 지인들과 현실적인 이야기를 하면서 자녀 양육의 어려움과 희망 사항들에 대해 말할 기회가 있었다. 그들은 집에서 아이들과 같이 지내면서 딱히 할 만한 놀이들이 생각이 안 난다며, 평소 각자의 방에서 스마트폰을 가지고 논다고 했다. 그래서 큰돈을 들이지 않고도 아이들과 함께 즐겁게 지낼 수 있는 놀이를 찾고 싶어 했다. 위에서 말했던 달밤의 편의점 투어도, 햄버거 데이처럼 우리 가족만의 특별한 이벤트를 만들어보는 것은 어떨까? 편의점 투어를 했던 둘째는 평범한 일상 속에서 가족과 함께하는 즐거운 일탈을 맛보았을 것이다. 부모와 오붓하게 셋이서 보낸 시간은 아이의 마음속에 별처럼 빛나서 기억될 것이다. 햄버거 데이를 가진 가족을 지금도 어쩌다 길을 걷다 아이와 같이 간 햄버거 가게를 발견하기라도 하면 그때가 선명하게 기억나 함께 웃음 짓는다. 이제는 대학생이 된 딸아이는 어쩌다 추억을 소환하는 날이면 나와 함께 갔던 시간, 장소, 앉았던 자리까지도 생생하게 기억한다. 아이와 지금까지 반복적으로 했던 수많은 일이 있음에도 아이가 엄마와의 데이트를 기억하는 이유는 아마도 조금은 특별한 시간을 보냈기 때문이 아닌가 하는 생각이 든다.

아이들이 온전히 지지받고 사랑받을 수 있는 곳은 가정이라는 울타리다. 가정은 행복한 학교다. 태어나서 아이는 가장 먼저 가정에서 일상의 규칙을 배우고, 말을 배우고, 예술을 처음으로 배운다. 그리고 부모와 아이 사이 또는 형제와 아이, 친척들의 관계를 통해 사랑을 배워나간다. 가정은 아이들이 곧 다가올 세상과 연결해주는 창인 셈이다. 매일 봐야 할 가족의 얼굴, 매일 가야 할 집이 어떤 모습으로 아이들에게 그려질지 생각해보면 좋겠다. 아이의 얼굴을 보면 부모가 보인다.

북아트 활동

엄마가 만들어주는 나들이 책

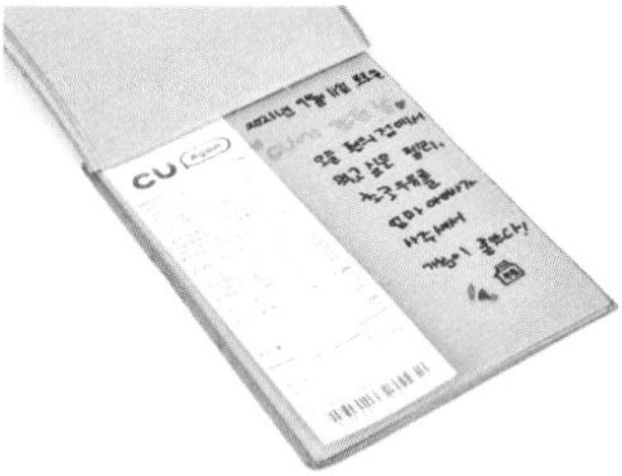

아이와 즐겁게 보냈다면 그 추억을 남겨두자. 영수증, 쿠폰, 안내서 등 아기자기한 종이들을 넣어두는 종이책을 가족이 함께 만들어 엄마 아빠와 나들이한 소중한 추억을 저장해둔다.

준비물

크라프트지, 종이 속지, 송곳, 끈, 흰색 젤리롤펜, 색연필, 네임펜, 칼

방법

1. 13×18cm 크기의 크라프트지 두 장과 속지를 준비한다.
2. 속지에 팸플릿을 끼울 수 있도록 위아래 네 군데에 칼집을 낸다.
3. 크라프트지와 속지에 송곳으로 구멍을 뚫는다.
4. 구멍 뚫은 곳에 끈을 연결하여 앞면에 리본으로 묶는다. 표지 앞장에 엄마가 직접 그림을 그리고 채색한다.
5. 아이와 함께 다녀온 전시회, 여행, 편의점 투어 영수증 등 안내서나 영수증 등을 정리하고 짧은 기록을 남긴다.

입체 표현 활동

햄버거 만들기

준비물

EVA 에바폼(두께 1mm, 2mm, 3mm, 5mm, 색상 다양), 코르크판, 글루건, 가위

방법

1. EVA 5mm에 햄버거 모양의 그림을 그린 뒤 칼로 오린다.
2. 햄버거에 들어가는 재료인 달걀부침, 채소, 감자튀김, 패티 등의 밑그림을 살짝 연필로 EVA에 그리고 오린다.
3. 햄버거 모양 맨 윗부분에 통깨 모양을 오려 글루건으로 붙인다.

tip

1. 햄버거 깃발 꽂기 : 가족이 함께 만든 햄버거에 이름을 지어 깃발에 적고 햄버거에 꽂아 준다. 가족과 햄버거의 이름을 지으면서 서로의 관심 분야를 알아가고, 친밀감을 키울 수 있는 시간을 갖는다.
2. 햄버거 그리기 : 각자 만든 햄버거를 연필이나 채색 도구로 간단하게 그린다. 가족 갤러리 공간을 만들어 깜짝 전시하면 근사한 추억을 만들 수 있다.

먹고 만들고 자랑하고!

마음속에 반짝 불이 켜지면

어릴 적 학교에서 집으로 돌아올 때면 양쪽에 나란히 서 있는 파란 대문 집을 지나 골목 안쪽에 초록 대문 사이로 소담한 보라색 수국이 바람을 타고 흔들리는 모습이 눈에 들어온다. 내가 곧장 초록 문을 열고 들어서면 고소한 냄새가 물씬 풍기곤 했다. 그런 날은 어김없이 어머니가 부엌에서 우리를 위해 맛있는 꿀 호떡이나 꽈배기를 만드셨다. 가방도 마루에 내팽개치고는 부리나케 어머니를 부르며 나도 모르게 입이 먼저 꿀 호떡을 마중 나갔다. 지금처럼 다양한 간식거리는 없었지만, 어머니는 참 솜씨 좋고 손이 큰 최고의 요리사였다. 지금도 그때 어머니가 만들어준 간식들을 잊을 수 없다.

하루는 비가 와서 실컷 뛰어놀지 못해 울적해 있는 우리 삼남매를 위해 어머니가 달걀을 사 오셨다. 달걀을 깨트려서 거품을 쉴

새 없이 내시며 카스텔라 빵을 땀을 뻘뻘 흘리며 만들어주셨다. 달걀 껍데기를 버려주는 첫째, 어머니 옆에서 거품을 내는 작업을 도와주는 둘째, 어머니의 땀을 닦아주는 막내까지 홈베이킹의 시작을 일찍이 맛보는 행운을 맞이한 삼남매였다. 카스텔라 빵 기계에 버튼이 켜지면, 삼남매의 마음속에도 반짝 불이 켜졌다. 우리는 온통 언제쯤 맛있는 빵을 먹을 수 있을지를 기대하며 인내의 시간을 버텼다. 지금 생각해보면 어머니는 말보다는 행동으로 우리 가족에게 사랑을 표현하셨다.

사람들마다 사랑의 언어가 다양하듯, 음식도 맛과 색깔, 배경 등이 다채롭다. 음식 재료로 다양한 맛도 즐길 뿐 아니라, 오감의 활동을 통해 일상에서 느끼는 특별한 감각을 경험할 수 있다. 푸드아트로 행복한 여행을 떠나보자!

오늘은 바로 가족 칭찬의 날

'선물'은 마음을 전하는 데 매우 좋은 통로다. 너무 과하지 않게 감사의 마음을 담아 정성껏 선물하면 받는 사람도 주는 사람도 각별한 사랑이 전해지고 관계가 돈독해진다. 정작 가장 친밀한 가족에게는 무심할 때가 많다.

콩나물시루에 물을 주면 어느새 시루 아래 구멍 사이로 물이 조르르 흘러나온다. 저렇게 해서 콩나물이 과연 될까? 의문을 가져보지만, 어느새 검은 천을 젖히면 하루가 다르게 쑥쑥 자라 있다. 아이들도 이와 비슷하지 않을까? 매일 보는 내 아이라 늘 비슷한 언어에 길들어 앵무새처럼 똑같은 말을 반복하며 아이들과 지내고 있지는 않은지 나를 돌아보게 된다. 매일 맞이하는 하루하루 속에 새로운 기쁨을 발견하고 맘껏 사랑의 언어로 아이를 칭찬해보자.

헬렌 켈러(Helen Keller)의 《사흘만 볼 수 있다면》(산해, 2005)에 "시각이란 선물을 받은 사람들에게 그것을 가장 잘 사용하는 방법을 알려드릴 수 있습니다. 내일 갑자기 장님이 될 사람처럼 여러분의 눈을 사용하십시오."라는 구절이 나온다.

아마도 현재 우리가 누리는 축복을 우리는 당연하게 여기며 살기에 절실함과 감동이 너무 미약하지 않은지를 돌아보고 소중한 축복을 다시 찾아가길 바라는 것이다. '이 세상의 모든 아이는 특별하고, 사랑스럽다' 등의 무분별한 칭찬이 아닌 아이가 잘한 부분에 대해 가능한 구체적으로 칭찬해주자.

예를 들어 가정에서 식사 준비를 아이가 도와주었다면 "바울아, 고마워."보다는 "바울이가 식탁을 준비하는데 숟가락과 젓가락을 가족 수만큼 잘 놓아줘서 정말 고맙구나."라든지 아이가 집에서 그린 그림을 엄마나 아빠에게 보여준다면 "소담이 잘 그렸네."보다는 "소담아, 오늘은 정말 다양한 크레파스 색을 사용해서 그림을 그렸구나. 그림이 참 풍성해 보이네."라고 무엇을 잘했는지 자세하게 말해주어야 아이도 충분히 인정받음을 인지하게 한다.

또 하나, 종종 아이들이나 때론 가족 구성원들에게 서로를 격려하고 칭찬해주는 '가족 칭찬의 날'을 정해서 정성껏 만든 선물을 전해준다면 새로운 가족의 재충전하는 활력소가 될 것이다.

아이라는 그릇

'보기 좋은 떡이 먹기도 좋다'라는 속담의 의미는 무얼까? 같은 음식이라도 먹기 좋게 담은 것이 눈도 즐겁고 손도 더 간다는 의미일 것이다. 먹기 좋게 담으려면 그만큼 시간과 정성을 들였을 것이니 당연히 수고한 것에 대한 결실이 있다는 의미도 포함한다. 부모는 아이라는 그릇을 빚는 토기장이다. 아이라는 맑고 순수한 그릇에 아이의 강점과 잠재력을 담을 수 있는 그릇이 되길 바라는 마음 간절하다.

미술 수업하는 어머니들에게 칭찬 목걸이와 상장 이야기를 들려주고 집에 가서 가족들과 시간을 함께 보낼 것을 추천한 적이 있다. 한 달 뒤 보람이 어머니가 전화를 주셨다. 나에게 정말 고맙다고 말하면서. 얼마 전 가족들과 펜션에 여행 가서 저녁 시간이 무료하게 느껴져 혹시나 해서 준비해간 '칭찬 목걸이와 상장 만들기' 재료를 주섬주섬 꺼내놓고 함께 만들어보겠느냐고 물었더니 보람이와 동생 우람이, 남편 모두 동의해서 열심히 만든 후에 서로의 목에 칭찬 목걸이를 걸어주었다고 한다. 마침 어머니에게 보람이가 만든 것을 걸어주며, '사랑 뭉게구름 상'을 주었는데 그 상의 풀이는 엄마가 보람이를 사랑하는 마음이 날마다 뭉게구름처럼 피어오른다는 뜻이라고 하더란다. 그 말에 눈물이 왈칵 쏟아졌다고 한다.

지후네 집은 한 지붕 세 가족이다. 한 건물에 형제 두 가족과 부모님이 사신다. '레인보우 뻥튀기 조형물 만들기' 대회를 가족 모임 때 가족 대표로 각각 남자가 나와서 만들기 시합했는데 아버지, 첫째 아들, 둘째 아들 남자 셋이 만드는데 월드컵을 방불케 하는 승부욕과 가족들의 열띤 응원 덕분에 첫째 아들 지후 아버지가 승리를 거머쥐어 그날 한턱냈다고 지후의 자랑이 굉장했다.

푸드아트로 조형물을 만들 때는 여러 질문을 통해 아이의 창의력을 높일 수 있다. "선이 선과 만나 면이 되어 위에 탑처럼 쌓으려면 어떤 구조가 되어야 할까?" 등의 질문을 하면서 다양한 탑의 모양을 사진과 모니터 자료를 보여주자. 역시나 이번에도 조형물에 이름을 지어주고 조형물 이름과 조형물을 만든 이유에 관해 설명하고 발표하는 시간을 가져보자.

위에 예시한 가족들의 이야기만 들어도 가족들의 마음이 전해오는 듯하다. 늘 가까이 접하는 재료로 만들어보는 푸드아트 수업을 하면서 경험하는 재료의 발견은 아이들과 부모 사이를 한층 가깝게 해주었다. 푸드아트 수업이 엄마도 아이도 행복해지는 공감육아의 시작을 알리는 신호탄이 되길 기대한다.

푸드아트테라피 활동 1

칭찬 목걸이와 상장 만들기

가족들이 서로를 격려하며 칭찬하는 시간을 통해서 정체성을 회복하고 자신감을 느끼게 된다. 가족의 단합과 사랑을 확인할 수 있는 시간이 될 수 있다.

준비물

사탕, 리본, 빵끈, 가위, 상장 용지(A4), 네임펜이나 사인펜

방법

1. 가족 구성원이 서로에게 상장을 만들어주기 위해 제비뽑기로 상대를 정한다.
2. 요리 잘하는 상, 최고의 정리상, 올해의 만화가 상 등 상장명을 정한 뒤 자신이 뽑은 상대의 장점을 상장에 적는다.(상장에는 상장명, 이름, 상을 주는 간단한 이유, 날짜를 기재한다.)
3. 사탕을 빵끈으로 묶어서 연결한 뒤 중앙에 리본으로 예쁘게 묶는다.
4. 가족들과 서로 상장 수여식을 진행한다. 사탕 목걸이를 걸어주며 칭찬하고 격려한다.

푸드아트테라피 활동 2

레인보우 뻥튀기 조형물 만들기

레인보우 뻥튀기는 색감이 다양해서 시각적인 음식 재료이며, 만들기 전에 색깔의 맛을 상상해볼 수 있어서 더욱 재미있다. 같은 재료로 재미있고 다양한 조형물을 만들 수 있고, 가족 모두 자신이 창작한 작품을 통해 성취감을 얻을 수 있다.

준비물

레인보우 뻥튀기(앵두 뻥튀기), 이쑤시개, 종이 접시

방법

1. 종이 접시 위에 원하는 색의 레인보우 뻥튀기를 두 개씩 이쑤시개로 연결하여 선이 만들어지는 과정을 보여준다.
2. 1번에 이어서 이쑤시개를 연결하고 레인보우 뻥튀기를 연결하여 면이 되는 과정을 알려준다.

tip

1. 레인보우 뻥튀기 대신에 지점토나 찰흙, 스티로폼 공으로 무게감을 달리해서 만들어보며 조형물의 무게중심 차이점을 비교해볼 수 있다.
2. 레인보우 뻥튀기는 이쑤시개를 여러 번 뺐다가 끼우면 헐렁해져서 빠질 우려가 있다.

우리 가족의 행복을 배달합니다

아픔도 치료해주는 편지 한 통

몇 해 전에 크리스마스가 다가올 무렵 나는 감기로 몹시 아팠다. 약을 먹고 정신없이 잠을 자고 일어났더니 둘째 아이가 성큼 다가오더니 코트 속에서 쌍화탕 한 병과 붕어빵, 작은 쪽지에 쓴 편지 한 통을 건네주었다. 추운 날씨에 식지 말라고 넣어 온 모양이었다. 편지에는 "엄마, 이거 드시고 얼른 나으세요. 파이팅! 사랑하는 아들, 딸"이라고 짧게 적혀 있었다. 아이들의 사랑의 묘약을 먹고 힘이 불끈불끈 나는 듯했다. 겨울의 한파를 뚫고 사 온 붕어빵과 따끈한 쌍화탕으로 느낀 아이들의 따뜻한 마음과 위로는 두고두고 가족의 힘이 되었다.

우리 집은 일주일에 한 번씩 가족회의를 연다. 보통은 토요일 저녁을 같이 먹고 간단하게 티타임을 즐기면서 일주일 동안 있었던 이야기나 특별히 가족들이 알아야 할 일들을 나누는 시간이다.

함께 의논해야 할 사항도 이때 의견을 나눈다. 이번 가족회의에서는 한 가지 안건을 내놓았다. 바로 '가족을 위한 행복 우체통'을 만들자는 것이었다. 다행히 전원일치로 통과되었다. 요즘 세대는 편지보다 SNS가 익숙하지만 가끔은 스마트폰 글씨보다는 감성 어린 짧은 편지로 마음을 전해본다든지 말로 하기 어려운 말이 생기면 우체통에 넣어서 서로의 마음을 부담 없이 나눠보자는 취지에 가족 모두 동의했다. 우체통은 만드는 과정부터 가족의 시간을 한데 묶어준다. 그러기에 가족 간에 유익한 시간을 보냄은 물론이고 깨알같이 사소한 일을 공유할 수 있어 서로 가까워지는 기회로 십분 활용할 수 있다.

우리 집 방구석 우체통

가족들을 위한 우체통을 만들기 위해 고민하던 중 지인에게 해바라기씨유 한 상자를 선물로 받았다. 상자가 그냥 버리기에는 아깝고 튼튼해서 우체통을 만들기로 가족과 합의했다. 가족의 행복을 책임질 우체통이다 보니 우리 가족의 얼굴이라 생각해서 정성을 다해 가족이 함께 만들기로 했다.

만드는 방법은 어렵지 않다. 손재주가 있는 가족이라면 고품질의 우체통이 나올 것이고 그렇지 않은 가족이라면 매우 재미난 모양의 우체통이 나오겠지만, 아무렴 어떤가? 가족의 행복을 보장하는 방구석 우체통인데, 오히려 개성이 만발한 모양의 우체통을 만드는 것도 한 방법이다. 재료는 집에 '굴러다니는' 다양한 것들을 이용하면 된다. 명심할 것은 하나. 다 같이 힘을 합쳐 만든다는 것만 잊지 않으면 될 뿐!

우체통 주위에 둘러앉아

방구석 우체통을 만든 이후로 우리 가정에는 새로운 문화가 생겼다. 평소 같으면 말로 하거나 카톡방에서 할 것을 이제는 종이에 써서 거실을 오가며 우체통에 휘리릭 넣고 가는 버릇이 생긴 것이다. 그 덕분에 우체통을 만든 몇 주간 담당 우체부는 매우 분주했다. 첫 주 우체부 아저씨가 바로 남편이었는데 평소 과묵한 남편은 "편지 왔어요."라고 이방 저방을 외치고 다니며 진짜 우체부 아저씨가 된 듯이 즐겁게 임무를 수행했다.

우리는 가족회의 시간에 방구석 우체통에 관한 이야기를 주제로 뜨겁게 대화를 나누었다. 남편은 "오랜만에 아이들과 편지를 나누다 보니 가까워진 것 같다."라고 소감을 말했고, 첫째 아이는 가족들에게 직접 그린 편지지와 엽서를 준비해 건네주며 가족들을 위해서 손 편지지를 만드는 시간이 무척 즐거웠고 가족 모두에게 편지를 받는 행운을 얻어서 정말 기뻤다고 했다.

수험생인 둘째 아이는 "글씨를 정성 들여 써 내려가면서 가족들 얼굴이 떠올랐어요. 요즘은 고3이라 아주 바쁘고 힘든데 편지 덕분에 힘이 났어요. 모두 고마워요."라고 했다. 나는 거실에 놓인 우체통을 볼 때마다 가족을 재발견하는 느낌이라고 고백했다. 그래서 혼자 있을 때도 한 번씩 우체통을 쓰다듬어주곤 했다고 고백했다. "전 여러분의 편지가 너무 좋아요."라는 내 말에 나도 가족들도 모두 한바탕 웃음꽃을 피웠다.

우체통이 말합니다, '바삭하고 맛있는 치킨!'

양파를 까듯 까면 깔수록 오랜 시간을 함께한 가족의 마음을 읽어가는 시간은 매우 신기하다. 시간에 비례해서 사람을 알 수 있는 것은 아니다. 얼마큼 대상을 유심히 주목해서 바라보았는가가 중요하다. 풀 한 포기, 꽃 한 송이도 자세히 보면 존재 자체가 귀하고 사랑스럽다. 이번 방구석 우체통을 만들고 나누는 모든 과정이 너무도 소중했다. '굳이 그런 걸 만들어야 하냐고 물어보면 어쩌지?'라는 나의 작은 염려를 완전히 날려버린 우리 가족의 따뜻한 마음이 힘들 때마다 나를 일으켜 세워주었음을 깨달았다.

하루는 우체통에 이런 편지가 있었다. "오늘은 왠지 이런 게 생각난다. 바삭하고 맛있는 치킨", 이 편지 덕분에 우리 집은 그날 치킨 파티를 했다. 발신인은 둘째 아이다. 그 녀석은 종종 이렇게 '먹고 싶다'라는 표현을 우회적으로 표현한다. 우체통이 있어서 경험할 수 있었던 재미있는 에피소드다.

또 하나 우체통 때문에 생긴 풍경은 퇴근하는 남편의 손에는 봉지가 자주 들려 있다는 것이다. 우체통은 마음을 전하는 글을 넘어서 각자의 필요를 전하기도 한다. “아빠, 퇴근하고 오실 때 전철역 부근 빵집에서 옥수수빵 좀 사다 주세요.”라는 편지를 받은 아빠의 손에는 편지에서 그토록 간절히 원하던 빵이 들려 있다. 다음 날이 되면 “어제 아빠가 사다 주신 빵이 최고로 맛있었어요. 감사합니다.”라는 편지가 우체통에 꽂힌다. 말로 해도 될 것을 편지로 쓰면 길이에 상관없이 읽는 사람이나 글쓴이의 마음이 더 오롯이 전해진다. 한마디의 말로도 뭉클하듯이 아이들이 머리보다 가슴으로 세상을 느끼기를 바란다. 방구석 우체통은 앞으로도 시간을 뛰어넘어 우리 가족의 일상이 되기를 기대한다. 그러면서 다짐한다. 매일 벅찬 사랑을 전하는 부모가 되겠다고!

조형 활동

방구석 우체통 만들기

준비물

튼튼한 빈 상자, 색지나 한지, 글루건, 풀, 플라스틱 뚜껑, 채색 도구

방법

1. 빈 상자에 편지가 들어갈 정도의 틈을 칼로 낸다.
2. 상자를 한지로 잘 싼다.
3. 가족의 취향에 맞는 캐릭터나 모양을 꾸민다. 토끼 모양의 상자를 만들 계획을 세웠다면 색지에 귀 모양을 그려 상자에 붙이고 눈, 코, 입을 그린 뒤 수염도 붙인다.
4. 가족회의에서 우체통 이름을 정한다.(유아나 초등학생 자녀를 둔 가정이라면 우체통 이름 공모전을 개최해도 좋다. 가족 공모전 자체가 하나의 재미있는 가족 이벤트가 된다.)
5. 완성된 우체통을 집 안 적당한 공간에 놓고 그 옆에 필기도구, 종이를 준비해둔다.
6. 우체통을 완성한 기념으로 가족들이 다 같이 편지를 써서 우체통에 넣는다.

tip

우체통이 있으면 우체부도 있어야 하는 법. 가족끼리 돌아가면서 일주일에 한 번씩 집배원을 맡는다. 집배원은 매일 일정한 시각에 우체통을 확인해서 수신자에게 우편물을 배달한다.(각 가족의 상황에 맞게 규칙을 정하면 좋다.)

종이 전화기로 나누는 대화

신나는 종이의 변신 여행

어릴 적 전화기가 일반화되지 않을 무렵 종종 종이컵 전화기를 가지고 놀곤 했다. 종이컵과 종이컵 사이에 굵은 명주실을 길게 연결하여 나는 안방에 있고 엄마는 주방에서 귀에 대고 말을 한다. "엄마, 오늘 놀이터에 가서 친구랑 놀아도 돼요?" 아니면 "엄마, 오늘 떡볶이가 먹고 싶어요."라고 마음속에 담아둔 말을 종이컵 전화기에 말을 하면 "그래? 알았어."라든지 "엄마가 저녁에 만들어줄게." 또는 "뭐라고? 잘 안 들려."라는 대답이 들려왔다.

그런데 지금은 스마트폰이 많이 보급되었지만 가족 간에 음성 대화나 소통은 오히려 줄어들었다. 전화를 거는 대신 문자나 SNS, 카카오톡 등을 더 많이 사용하기 때문에 온라인상의 대화가 늘어감을 알 수 있다. 아이들에게 전화로 하는 음성 대화의 감성을 전해주고 싶어서 종이컵 전화기 수업을 아이들과 함께한 적이 있다.

송화기에 대고 말을 하면 컵의 진동이 줄을 타고 수화기의 컵을 진동시켜 컵 내부의 공기를 다시 진동시키는 과정을 통해 소리가 전달된다. 의외로 아이들은 종이컵 사이에서 소리의 울림으로 진동이 생기는 것을 신기해했다. 간단한 놀이이지만 과학적 원리가 들어있는 종이컵 전화기 놀이가 스테디한 놀이로 남아 있는 데는 이유가 있다. 디지털 시대에 아날로그식 감성을 불러일으키는 종이컵 전화기 놀이로 진풍경이 생겨났다. 아이들이 미술 수업에 와서는 종이컵 전화기로 친구들하고 대화하며 놀기도 하고, 때로는 자신이 하고 싶은 말을 혼자서 읊조리기도 한다. 이렇듯 소통의 도구가 되는 종이컵은 변신의 귀재이다.

종이컵 놀이는 집에서도 가족끼리 얼마든지 즐길 수 있다. 엄마는 거실 한쪽에서, 아이는 자기 방에 숨어들어 각자 종이컵을 귀에 대고 서로의 말을 들어보는 것이다. 엄마의 음성이 멀리서 소리와 함께 진동으로 전해져 오면, 아이는 평소 엄마 목소리에서 느낄 수 없었던 감정을 색다르게 경험할 수 있다. 주말에 바깥에는 비가 오고, 아이들이 심심해서 게임기로만 파고든다면, 둘씩 팀을 지어 종이컵 전화기로 서로의 말을 누가 먼저 받아 적거나 전달하는지 게임을 해도 좋다. 물론 게임이 아니어도 실 하나로 목소리를 전달하는 것은 그 자체로 크나큰 경험이다. 이외에도 종이컵으로 할 수 있는 활동은 무척 많다. 지금부터 종이컵으로 할 수 있는 활동과 놀이를 알아보자.

종이컵으로 이런 게임을 한다고?

"얘들아! 이게 뭘까? 종이컵이요. 종이컵은 무엇으로 만들어졌을까? 그야, 종이로 만들어졌죠. 종이컵으로 무엇을 할 수 있을까?"라는 질문에 어떤 아이는 "물을 마셔요." 혹은 "캠핑 갔을 때 엄마가 종이컵에 라면을 담아주셨어요."라고 대답한다. 아이들에게 종이컵을 하나씩 나눠주고 천천히 탐색해볼 시간을 주었다.

"선생님, 종이컵은 위쪽으로 갈수록 모양이 커지네요."

"맞아, 종이컵은 위아래 모양이 다르단다. 왜 모양이 다르게 만들어졌을까?"

"그야 다양한 모양을 생각하다가 만든 게 아닐까요?"

"그런 이유도 있지만, 아래보다 위가 큰 경우에는 기능적으로도 장점이 있단다. 여기 종이컵과 원기둥 모양이 보이지? 두 모양을 비교해서 관찰해보자."

"선생님, 종이컵은 위로 갈수록 넓어져서 원기둥 모양보다 손가락으로 잡기가 쉬워요."

"원기둥 모양을 펼쳤을 때와 종이컵을 펼쳤을 때 서로 달라요. 펼친 모양으로도 다양한 종이 조형을 만들 수 있겠어요."

이 밖에도 종이컵 윗부분은 돌돌 말려 있어 아랫부분과 마감 처리가 다른 것 등에 대해 질문하고 알아보는 시간을 가졌다. 활동에 앞서서 도입 부분에 아이들과 재료에 대한 충분한 질문을 하고 탐색하며 집중하는 시간은 재료의 특성을 이해하는 것은 물론이고, 다양한 방법으로 자기 생각을 입체적으로 표현하는 데 매우 중요하다. 이렇게 탐색한 뒤에 나는 아이들과 두 가지 활동을 진행한다. 집에서도 얼마든지 할 수 있으니 엄마들도 도전해보자.

엄마들이여, 아이들에게 자유를 허하라!

우리 주변에는 감사하게도 너무도 풍족한 재료들이 많다. 마음만 먹으면 가까이 있는 재료들로 즐겁고 창의적인 활동을 하기에 충분하다. '재료의 부재가 아니라 마음의 여유와 시선이 부족한 것은 아닌가?'라는 생각이 든다.

한 가지 방법을 통해서도 아이들만의 시선으로 관찰하고 발견하여 자기만의 방법으로 발전시킬 수 있도록 경험해야 한다. 새로운 아이디어를 위해 항상 눈과 마음을 열어놓는 것이 필요하다. 이번 수업을 진행하면서 교사의 생각의 틀 안에서 아이들을 교육하는 오류를 범하고 있지 않은지 돌아보는 기회가 되었다. 가장 중요한 것은 "아이들이 즐겁게 재료를 사용하는가?"라는 질문을 끊임없이 하게 되었다. 종이라는 재료는 무궁무진하다. 그중에서 종이컵 하나만으로도 미술 수업은 끊임없이 이어졌다. 생각의 각도를 조금만 바꾸면 보이지 않던 것이 보이게 된다.

나는 아이들에게 종이컵을 나눠주고 마음대로 가위로 오려보고 전개도처럼 펼쳐보게 했다. 은채는 전개도를 보고는 종이컵을 자르더니 "선생님 조금 전에 전개도를 보니까 좋은 생각이 떠올랐어요. 종이컵 전개도에서 동그란 부분은 모자를 만들고 나머지는 치마를 만들어서 인형에게 입혀주고 싶어요."라고 했고, 민우는 "종이컵으로 성문을 지키는 로봇을 만들고 싶어요. 그래서 성벽을 지키게 하면 재미있을 거 같아요."라고 수업과 연결해서 확장했다.

아이들이 더 다양한 창의적 경험을 하기 위해서는 가정에서도 놀이를 통한 미술 활동을 자유롭게 접할 기회를 많이 주는 것이 좋다. 물론 여러 상황상 집에서 미술 활동을 하기가 쉽지 않다는 것을 안다. 그렇지만 집은 아이들에겐 그 어떤 곳보다도 최고의 창의적 놀이터임엔 틀림없다는 사실을 잊지 말자. 이 시대의 아이들에게 가장 필요한 창의적 사고와 잠재력을 길러주고 싶다면 많이 경험하게 하고, 적극적으로 행동하는 힘을 길러줘야 한다는 것을 잊지 말아야 한다. 세상을 빛낼 거장들이 바로 우리 집에서 나올 수 있다는 것을. 엄마들이여! 아이들에게 놀이를 허하고, 아이들에게 자유를 허하라.

조형 활동 1

수리수리 마수리 안경

종이컵이 말린 테두리 부분을 이용해서 새로운 물건을 만들어보자. 보통은 종이컵 자체로 만들기를 하는 경우가 많은데 이번 활동은 종이컵이 말리는 윗부분을 활용해보자. 재료를 새로운 각도로 관찰하고 바라보는 눈을 기를 수 있다.

준비물

종이컵 두 개(색깔 종이컵도 가능), 채색 도구, 가위, 빨대, 글루건

방법

1. 종이컵 위쪽 말리는 부분에서 1cm 간격을 두고 따라서 오린다.
2. 종이컵 두 개 사이에 1~1.5cm 길이로 빨대를 잘라서 글루건으로 붙인다.
3. 빨대를 적당한 길이로 잘라서 종이컵에 부착한다.

tip

색 필름지나 셀로판지를 잘라서 안경에 붙이면 색안경으로 변신할 수 있다. 안경에서 확장하여 돋보기 모양으로도 만들어본다.

미술 놀이 활동 1

나쁜 감정아, 사라져라!

종이컵을 활용하여 신체를 움직이는 게임이다. 감정에 대한 이해는 물론이며, 게임을 통해서 대근육과 소근육의 이완과 스트레스를 해소할 수 있다. 아이들은 평소에 자신이 힘들었던 감정들을 공으로 쓰러트리면서 감정을 분출하여 시원해지며, 현재의 자기감정을 표현할 수 있다.

준비물

큰 종이컵 열 개, 단어 감정 스티커(불안, 두려움, 화남, 공포, 시기, 질투, 미움, 다툼, 짜증, 실망), 볼 풀공(작은 공, 신문지를 구겨 만든 공 가능)

방법

1. 책상 위에 종이컵 열 개를 볼링핀처럼 올려놓는다. 아이들과 게임 전에 감정 스티커를 붙인다.
2. 팀별로 아이들이 나와 정해진 위치에서 볼 풀공으로 종이컵을 맞춘다. 쓰러진 종이컵의 개수를 센다. 종이컵 개수가 많은 사람이 승리한다.
3. 개인전, 팀별로 게임을 진행할 수 있다.(가족끼리 할 때 어른과 아이 또는 손바닥 뒤집기로 편을 나누면 좋다.)

미술 놀이 활동 2

종이컵 탑 쌓기

종이컵을 가득 준비해두고 종이컵 탑 쌓기를 한다. 종이컵으로 성을 쌓고, 요새를 만들고 이글루도 만든다. 장소를 불문하고 종이컵만 있으면 근사한 놀이가 되고 반짝이는 아이디어가 쏟아진다.

준비물

종이컵

방법

1. 두 팀을 정한다.
2. 정해진 시간 동안 종이컵으로 높이 탑을 쌓는다. 이때 출발 신호를 종소리로 알린다.
3. 끝나는 신호를 종소리로 알린다. 두 팀의 탑 중에 어느 팀이 견고하게 잘 쌓았는지 살펴보고 승리한 팀을 정한다.
4. 탑 쌓기를 마친 후에 게임을 한 소감에 대해 이야기 나눈다. 종이컵으로 더 할 수 있는 게임이 있는지를 말해본다.

손톱에
꽃물 들여봤니?

천연물감을 만나요

햇볕은 쨍쨍 모래알은 반짝 모래알로 떡 해놓고 조약돌로 소반 지어
언니 누나 모셔다가 맛있게도 냠냠

– 홍난파, 〈햇볕은 쨍쨍〉

홍난파 작곡의 〈햇볕은 쨍쨍〉이라는 동요의 가사다. 소꿉놀이 세트나 모래놀이 세트가 없던 시절, 내가 살던 고향의 집에서 10분 정도 걸어가면 나오는 개울가에서 아이들과 모여 소꿉놀이와 모래놀이를 마음껏 했다.

개울가에는 작고 큰 돌들이 옹기종기 모여 있었다. 동네 친구들과 돌을 가져다가 담을 쌓고 집짓기 놀이를 했다. 빨간 벽돌로 풀을 찧어서 붉은 물이 든 김치를 만들고, 풀을 잘라 나물 반찬을 만

들고 야생화를 꺾어 밥상을 꾸미고 접시를 만들었다. 개울가에만 있으면 해 지는 줄도 모르고 놀잇감을 만들어 지치지도 않고 놀았던 기억이 생생하다. 밤에는 앞뜰에 핀 봉숭아 잎과 꽃을 잔뜩 뜯어다가 백반을 넣고 빻아 손톱 위에 올리고는 봉숭아 잎으로 꽁꽁 싸매 실로 묶은 뒤 잠자리에 들었던 기억이 난다. 아침에 일어나면 붉게 물들어 있을 손톱을 기다리며 밤새 불편한 잠을 청하곤 했다.

이토록 자연의 색은 화려함보다는 포근하고 편안한 색을 자아낸다. 지금은 매니큐어나 네일아트로 몇 분 만에 화려한 손톱을 탄생시킬 수 있지만, 다음 날 아침까지 꼬박 7~8시간을 기다리며 잠자리에 들었던 봉숭아 물의 기대감과는 바꿀 수 없다. 다음 날 손가락을 풀어볼 때의 기대감과 뻐근하게 퉁퉁 불어 터진 손가락 위로 선명하고 자연스럽게 물든 은은한 봉숭아 물은 여름을 맞이하는 아이들의 특별한 '의식'과도 같은 놀이였다.

가정에서 아이들과 함께 봉숭아 물들이기로 천연물감 수업을 해보자. 요즘은 사계절 구할 수 있으니 굳이 여름을 기다릴 필요도 없다. 남자아이도 여자아이도, 엄마도 아빠도 다 같이 실을 칭칭 감고 하룻저녁 자고, 다음 날 누구의 손톱이 가장 멋지게 들었는지 비교해보는 시간을 가져도 좋다. 손톱이 부끄럽다면 발톱도 좋다!

바람 저편 행복한 자연 미술학교로 오세요

자연이 주는 색은 은은하지만 느낌만큼은 '강렬'하다. 요즘은 미술 재료는 물론이고 여러 종류의 물감이 지천으로 널려 있지만, 아이들에게 오랜만에 자연의 풋풋한 정서를 느낄 수 있는 수업을 하기로 마음먹었다. 바로 천연물감 만들기 수업이다. 은빛 돗자리, 스케치북 1권, 물통, 붓, 팔레트를 담으면 미술 피크닉 세트 완성이다.

드디어 야외수업을 나가는 날이다. 혹시나 비가 오면 어쩌나 콩닥콩닥 뛰는 가슴을 다독였지만 다행히 파란 하늘에 토끼 구름이 걸려 신나는 미술 수업을 맞아준다.

간간이 아이들과 집 근처로 야외수업을 나간다. 소수이기에 가능한 홈스쿨 미술만이 누리는 특권이라고나 할까? 장소를 옮긴다는 이유만으로도 아이들은 신나는 목소리로 재잘재잘 귓가를 간질거린다.

내가 사는 아파트에는 오래된 고목들과 하늘거리는 꽃들이 유난히 많다. 아파트 동과 동 사이에는 작은 화단들이 잘 정리되어 있는 덕분에 놀이터 아래 군데군데 돗자리를 깔고 아이들과 자리 잡고 앉아 거리의 풍경과 키 작은 노란 꽃과 개미랑 나무, 지나가는 강아지를 만나면서 바람 저편 행복한 이야기를 스케치북에 풀어 놓는다. 이곳은 어느새 자연 미술학교가 된다.

닫혀 있는 공간이 아닌 열린 공간에서 아이들은 자연이 전해 주는 풍성함 덕분인지 아니면 해방감 때문인지 자연과 너무나도 절묘하게 어울리는 흥미로운 작품들이 나온다. 호기심이 가득한 아이들의 반짝이는 눈에서 보는 자연은 아이들의 잠자던 오감을 깨우기라도 하듯이 아이들의 작품 속에는 동화 같은 아기자기한 이야기와 즐거움이 가득 담겨 있다.

피카소(Pablo Picasso)는 "모든 어린이들은 예술가다. 문제는 그들이 성장하면서 어떻게 남느냐다."라고 말했다. 이 말은 예술가로 성장하기 위해서는 어릴 적의 감성이 순수하게 이어가는 것이 중요하다는 의미다. 애써 재능을 만들어내려 하지 않아도 이미 아이들에게는 예술가다움이 충분하다. 자신만의 독창성을 표현할 수 있도록 기다려주고, 누구보다 뜨겁게 지지해주는 것이 우리의 몫이다.

이번 장에서는 꾸미지 않은 자연의 아름다움을 만끽할 수 있는 수업을 소개하려 한다. 가공하지 않은 빛깔이 주는 매력에 빠져보자. 여기 소개하는 활동들은 내가 미술 수업에서 아이들과 한 것이지만 가정에서도 얼마든지 가족끼리 즐길 수 있는 활동이므로 아이들과 '색깔 있게' 놀고 싶은 부모들에게도 적극적으로 추천한다.

자연은 가장 훌륭한 놀이터

자연만큼 훌륭한 놀이터이자 선생님이 또 있을까? 특히 한국의 사계절은 더 그러하다. 봄의 새싹을 틔우는 싱그러운 향연과 여름 식물들의 열정 어린 몸짓들, 가을의 풍성한 결실을 위한 바지런함, 겨울나기의 슬기로움은 한시도 거드름을 피울 줄 모르는 자연에서 우리가 배워야 할 덕목들이다.

인위적으로 만들려 해도 만들 수 없는 가을의 하늘은 커다란 액자 하나만 쓱 올려놓으면 최고의 작품이 된다. 10년쯤 가로수로 심은 은행나무가 즐비하게 늘어선 아파트를 손잡고 걷던 유치원 꼬마 아들 녀석의 "엄마, 은행나무 잎들이 떨어지니까 너무 슬퍼요." 라는 말이 귓가에 맴돌아 문득문득 내 마음을 울린다. 지금까지 살아오면서 은행나무를 보며 꽤 노랗구나, 어쩌면 저렇게 노란 잎들이 비처럼 내릴까 하는 생각은 했지만, 잎들이 하나둘 떨어지는 것이 슬프다고 생각한 적은 없었다. 그때 알았다. 아이들은 자연을 느끼고 공감하며 배워가고 있다는 것을.

야외로 나와 천연물감으로 수업할 때 서아는 "오늘 아침에 엄마가 당근을 넣고 야채 볶음밥을 만들어 주셨는데 이렇게 당근즙으로 그림을 그릴 수 있다니 정말 신기해요. 집에 가서 엄마한테 자랑할래요."라고 말했다. 지안이는 "선생님, 제가 제일 좋아하는 영화가 슈렉인데요, 시금치로 슈렉의 몸 색깔을 만들다니 너무 재미있어요. 저는 피오나 공주 쿠키를 만들어볼래요."라며 슈렉 수제비 만드는 과정에 집중하며 수업을 들었다.

나 역시 아이들과 더 크게 웃고, 자연의 소중함에 감사함을 깨닫는 시간이었다. 아이들에게 자연은 놀이터이다. 나뭇잎으로 사람 얼굴을 꾸며주고, 미니정원에 심은 봉숭아 꽃잎이 어느새 곱게 자라서 소꿉놀이 재료가 되고, 아이들이 매일 밟고 다니는 흙이 땅색 물감이 되어 아이들 스케치북을 수놓는다. 자연과 친해질수록 아이들의 행복은 마음의 메아리가 되어 울려 퍼진다.

자연 미술 활동 1

천연물감으로 그림 그리기

봉숭아꽃과 친정어머니의 손길을 닮은 정겨운 쑥을 준비하고, 당근즙, 흙물 등 자연의 색으로 천연물감을 만들어 그림을 그려본다. 집에서 할 때 냉장고를 열어 갖가지 재료들을 각자 골라도 된다.

준비물

봉숭아꽃, 쑥, 당근즙, 흙, 체, 약병, 염색용 면 손수건, 한지

방법

1. 봉숭아꽃과 쑥을 각각 조약돌로 찧어 체에 내린 뒤 약병에 담는다.
2. 당근을 믹서에 갈아 체에 내린 뒤 천에 담아 짜서 당근즙만 약병에 담는다.
3. 흙을 고운 체에 거른 후, 밀가루 풀에 잘 섞어 흙물을 약병에 담는다.
4. 천연물감을 이용해서 한지 위에 그림을 그린 뒤 잘 펴서 말린다. 한지를 평평하게 펴서 그 위에 그림을 그리는 방법과 한지를 여러 번 접어서 천연물감에 부분부분 찍은 뒤 펼치는 방법이 있다. 이때 물감이 묻은 부위에 따라서 다양한 모양이 나오는 것을 감상할 수 있다.

tip

천연물감의 재료는 집에 있는 비트, 시금치, 포도 껍질, 소목 삶은 물 등 다양하다.

자연 미술 활동 2

치자로 염색해요

치자를 이용해서 손수건에 예쁜 무늬로 염색한다. 치자에 대해 간단한 소개도 해주면 재료에 대한 이해가 더 잘된다.

준비물

치자 1g, 백반 2g, 염색용 면 손수건 한 장, 물, 고무줄, 그릇, 구슬, 가열 도구

방법

1. 가열 도구 위에 물을 한 컵 정도 넣고 끓인다.
2. 끓인 물에 치자와 백반 녹인 것을 함께 넣는다.
3. 면 손수건 중앙에 작은 구슬을 놓고 고무줄로 단단하게 감는다.
4. 홀치기 염색(물들일 천을 물감에 담그기 전에 어떤 부분을 홀치거나 묶어서 그 부분은 물감이 배어들지 못하도록 하는 방법)을 한다. 중간중간에 간격을 두고 고무줄로 묶어주면 고무줄 개수만큼 동그라미가 생긴다. 간격에 따라 재미있는 무늬가 생긴다. 홀치기 염색은 천을 접는 방법에 따라 다양한 무늬를 낼 수 있다.(예 : 하트 무늬, 마름모무늬 등)
5. 면 손수건을 물에 담갔다가 뺀다.
6. 끓는 물에 젖은 손수건을 넣어 30분간 염색한다.
7. 고무줄을 제거하고 손수건을 펴서 말린다. 손수건에 찍힌 무늬를 감상한다.

tip

가열 도구를 사용할 때 아이들의 안전에 특히 신경 쓴다.

요리 활동

슈렉 수제비 만들기

시금치를 갈아서 밀가루에 초록 옷을 입혀 아이들이 좋아하는 영화 속 슈렉의 색깔과 닮은 슈렉 수제비라고 이름을 지어주고 맛있고 건강한 수제비를 만들어보자. 오감을 만족하는 식탁을 준비하는 아이들의 얼굴에서 웃음이 떠나지 않는다.

준비물

시금치, 믹서, 체, 밀가루, 물, 조리 용구, 감자, 파, 소금, 육수

방법

1. 시금치를 믹서에 갈아 물을 체에 내린다.
2. 시금치 물로 밀가루를 반죽한다.
3. 냄비에 육수를 부어 끓으면 얇게 썬 감자를 넣는다.
4. 물이 끓으면 수제비를 손으로 조금씩 떼어 넣는다.
5. 수제비가 끓기 시작하면 파를 넣고 소금으로 간을 한다.
6. 완성된 슈렉 수제비를 그릇에 잘 담는다.
7. 수제비를 조금씩 그릇에 담아 시식하며 맛을 본다.
8. 수제비를 만드는 과정과 음식을 맛본 후의 느낌 등에 대해 이야기를 나눈다.